Für alle, die sich gesund und nachhaltig
ernähren wollen, aber keine Lust haben,
ewig in der Küche zu stehen.

❤

Die Deutsche Nationalbibliothek verzeichnet diese Publikation in der Deutschen Nationalbibliografie; detaillierte bibliografische Daten sind im Internet über www.dnb.de abrufbar.

Meal Prep – vegetarisch und saisonal: Das vegetarische Meal-Prep-Kochbuch mit saisonalen Zutaten für eine gesunde und nachhaltige Ernährung

Studienscheiss UG (haftungsbeschränkt)
Oppenhoffallee 143, 52066 Aachen
kontakt@studienscheiss.de
Geschäftsführer: Dr. Tim Reichel, M.Sc.
Registergericht: Amtsgericht Aachen
Registernummer: HRB 19105
USt-IdNr.: DE295455486

1. Auflage, November 2021

ISBN: 978-3-98597-030-8 (Softcover)
ISBN: 978-3-98597-031-5 (Hardcover)
ISBN: 978-3-98597-032-2 (PDF)
ISBN: 978-3-98597-033-9 (EPUB)

Lektorat: Sara Dörwald, Krakow am See
Korrektorat: Hannah Dautzenberg, Aachen
Illustrationen: Leni Tyroller, München
Umschlaggestaltung, Layout und Satz: Tim Reichel, Aachen
Umschlagmotiv: Victoria Sergeeva / shutterstock.com
Grafiken: Svesla Tasla, MicroOne, antlexx, teamplay / shutterstock.com
Foto: Sina Scherer, München
Herstellung: Amazon oder eine Tochtergesellschaft
Printed in Germany

Tina Wagner

MEAL PREP

vegetarisch & saisonal

veggie +

Inhalt

Sommer 65

Herbst 107

Vorwort

Saisonaler Meal Prep

Kennen wir das nicht alle? Man hetzt von Termin zu Termin, hat wenig Zeit aber trotzdem Hunger und dann passiert's: der Griff zur Tiefkühlpizza oder der Anruf beim Lieferservice. Dabei wollen wir uns doch eigentlich gesund und möglichst nachhaltig ernähren, um ein gutes Gefühl für uns und unseren Körper zu haben. Zum Glück gibt es für dieses Dilemma eine ganz simple Lösung: Meal Prep – und zwar saisonal und nachhaltig!

Vor ungefähr sechs Jahren habe ich angefangen, über Essen und Lebensmittel im Allgemeinen nachzudenken. Ich hatte keine Lust mehr, meine Familie und mich unbewusst zu ernähren. Zu oft hat ein Gericht nicht geschmeckt oder Bauchschmerzen hervorgerufen. Das Gefühl, im Supermarkt hochgezüchtetes und unnormal glänzendes, am Ende noch in Plastik verpacktes Gemüse zu kaufen, hat mir kein gutes Gefühl gegeben. Ich wusste: Es muss dringend eine Veränderung her!

Als ersten Schritt zur bewussteren Ernährung habe ich eine Gemüsekiste mit saisonalem und regionalem Gemüse bestellt – ein echter Meilenstein. Hier konnten meine Familie und ich sicher sein, dass wir qualitativ hochwertiges, unverpacktes Gemüse erhalten und essen können. Die Einfachheit der Ware war erstmal eine Umstellung, sie hat mich aber auch kreativ werden lassen: Ich habe mir plötzlich sehr viele Gedanken zur Verarbeitung des Gemüses gemacht. Trotz der je nach Saison herrschenden Eintönigkeit der Gemüsesorten ist es mir mit der Zeit gelungen, tolle und einfallsreiche Gerichte zu zaubern, die nicht nur mir neue Lust auf frische Gerichte gemacht haben.

Ein Problem blieb: Ich habe sehr wenig Zeit und nach einem langen Arbeitstag keine Lust, viele Stunden in der Küche mit Kochen zu verbringen. Mein Mann und ich sind voll berufstätig, wir haben zwei Kinder und daher ist einiges los. Viel Freizeit bleibt da nicht übrig und die Zeit, die ich habe, möchte ich nicht in der Küche stehen.

Die Herausforderung war also: Saisonal und gesund kochen, aber schnell muss es gehen. Ich habe im Internet recherchiert und viele Ideen dazu gefunden. Daraus habe ich mein eigenes System entwickelt: Saisonaler Meal Prep. Hinter diesem Begriff verbirgt sich nichts weiter als das Kochen mit saisonalen Zutaten, die man perfekt vorbereiten und dadurch Zeit sparen kann.

Dieses System möchte ich in diesem Buch mit dir teilen, damit auch du möglichst wenig Zeit in der Küche verbringst und dennoch saisonal und gesund essen kannst. So schaffst du die Balance und dir bleibt viel Zeit fürs Leben, die Familie und alles, was Spaß macht.

Eine Sache möchte ich noch erwähnen: In den Rezepten aus diesem Buch arbeite ich mit sehr genauen Mengenangaben, damit du die Gerichte ganz einfach nachkochen kannst. Im hektischen Alltag koche ich jedoch hin und wieder anders. Ich nehme es dann nicht so genau und schätze grob ab, wie viel ich von jeder Zutat benötige. Ich lasse auch einige Bestandteile weg oder ersetze sie – je nachdem, was ich grade im Vorrat habe. Zu wenig Weizenmehl da? Egal, dann nehme ich eine andere Sorte oder ergänze durch geriebene Nüsse. Keine Paprika im Kühlschrank? Dann wird's halt ein anderes Gemüse...

Ich möchte dich ausdrücklich bitten, das ebenso zu machen. Diese Vorgehensweise wird dein Leben ungemein erleichtern. Mach alles „Pi mal Daumen" und du wirst schneller, mutiger und effizienter in der Küche sein. Einzige Ausnahmen: Brote, Tartes und Quiches. Backen ist eine genaue Sache, da musst du sauber arbeiten und zumindest das Verhältnis zwischen nassen und trockenen Zutaten einhalten. Ich habe bei vielen Rezepten Ideen dazugeschrieben, wie man kreativ ergänzen oder ersetzen kann. Also mach dir keinen Kopf und koch einfach drauflos. Wenn du irgendwas nicht vorrätig hast, ist das wirklich überhaupt kein Problem. Hab einfach Spaß!

So, und jetzt hoffe ich sehr, dass Meal Prep dir genauso viel Freude macht wie mir, und dass dich meine Ideen bereichern und dein Leben erleichtern!

Mein Meal-Prep-System

Vielleicht ist dir der Begriff „Meal Prep“ schon mal begegnet und daher geläufig. Dennoch möchte ich dir hier noch einmal kurz erklären, was Meal Prep im Allgemeinen bedeutet und wie ich es für mich auslege. Meal Prep ist die Abkürzung für „Meal Preparation“ und bedeutet so viel wie „Essensvorbereitung“. Konkret steht dahinter das System, Essen für einen oder mehrere Tage vorzukochen. Dabei können entweder komplette Gerichte vorgekocht werden, verschiedene Bestandteile des Gerichts oder auch einzelne Zutaten. Meine Vorgehensweise besteht aus vier Komponenten und ist schnell erklärt:

- **Essensplanung:** Ich plane mein Essen für eine Woche im Voraus.
- **Wocheneinkauf und Vorratshaltung:** Ich gehe einmal die Woche die frischen Lebensmittel einkaufen. Produkte, die haltbar sind, kaufe ich einmal im Monat oder noch seltener auf Vorrat.
- **Mix aus einfachen und aufwendigen Gerichten:** Drei bis vier Gerichte pro Woche gestalte ich aufwändiger, während zwei bis drei Gerichte sehr schnell zuzubereiten sind und in maximal einer halben Stunde auf dem Tisch stehen oder im Ofen „von selbst“ gar werden.
- **Zero Waste:** Am letzten Tag der Woche steht Resteverwertung auf dem Speiseplan. Ich koche außerdem nur einmal am Tag frisch, abends werden die Reste vom Mittag aufgewärmt – oder zu einem späteren Zeitpunkt.

Das wichtigste bei meinem Meal Prep-System ist, dass du dich darauf einlässt und selbst herausfindest, wie es dir am besten gelingt, die gesunde Ernährung mit deinem privaten und beruflichen Leben zu vereinbaren. Mit meinem Buch möchte ich dir dabei helfen, indem ich dir meine Erfahrungen weitergebe.

Einer der wichtigsten Bestandteile beim Meal Prep ist die Kochdauer der Gerichte. Es gibt Gerichte, die länger in der Vorbereitung dauern. Diese preppst du am besten am Wochenende oder am Abend vorher. Zusätzlich gibt es Gerichte, die so schnell und einfach zubereitet sind, dass du das am Tag selbst erledigen kannst. Natürlich ist es auch möglich, alles am Wochenende oder am Tag zuvor vorzubereiten – das bleibt dir selbst überlassen.

Ich unterteile das Kochen der Gerichte in eine Vorbereitungs- und eine Zubereitungszeit. Die Vorbereitungszeit nenne ich PREP, sie kann unabhängig von der Zubereitungszeit und dem Verzehr stattfinden. Also z.B. am Wochenende, am Abend vorher oder am Morgen. Und dann gibt es die Art der Zubereitung, die ich in diesem Buch COOK nenne. Sie findet direkt vor dem Verzehr statt.

Aus dem PREP-&-COOK-System ergeben sich zwei Kategorien von Gerichten. Eben jene, die man sehr gut vorbereiten kann und anderen, die besser frisch zubereitet werden. Bei Kategorie 1 steht PREP und COOK immer getrennt in den Angaben mit jeweils einer Zeitangabe, die Gerichte der Kategorie 2 sind PREP-&-COOK-Gerichte. Das bedeutet, dass PREP und COOK zusammenfallen. Meist sind die Gerichte dann aber sehr schnell zuzubereiten, häufig in weniger als 30 Minuten.

Sie eignen sich sehr gut als Abendmahlzeiten. Falls man zu Hause oder im Homeoffice isst, natürlich auch mittags. Ein wichtiger Bestandteil meiner Küche ist die Resteverwertung. Das kommt zum einen daher, dass ich einfach keine Nahrungsmittel wegwerfen kann. Zum anderen spart es aber auch Zeit. Denn wenn man Reste weiterverwendet und ergänzt, dauert das nicht so lange, im Vergleich zu einer frischen Zubereitung.

Dazu habe ich übrigens noch eine feine Überraschung für dich: Fast alle Rezepte aus diesem Buch lassen sich auf ein Grundgerüst von 10 Rezepten zurückführen. Mithilfe dieser „Basic-Rezepte" kannst du fast jedes Gericht zubereiten, indem du leichte Abwandlungen triffst, Gemüsesorten austauschst oder die Beilage wechselst. Auf diese Weise kannst du perfekt deine Reste verbrauchen. Außerdem brauchst du keine komplizierten Kochanleitungen auswendig lernen, wenn du diese Rezepte erstmal verinnerlicht hast. Diese Grundlagenrezepte habe ich in einem Bonusmaterial für dich zusammengestellt. Auf der folgenden Website erfährst du, wie du an das Bonus-PDF kommst:

www.studienscheiss.de/bonus-meal-prep-saisonal

Du gelangst dort auf die Website meines Verlags und kannst dich für den entsprechenden Verteiler anmelden – natürlich kostenlos.

Der Aufbau des Buches

Da der Fokus in diesem Buch ganz klar auf den Rezepten und dem Kochen an sich liegt, habe ich die Struktur und den Aufbau des Buches so simpel wie möglich gehalten. Es gibt vier Jahreszeiten-Kapitel, dort finden sich Rezepte für jede Jahreszeit. Im Mittelpunkt jedes Rezeptes steht ein saisonales Gemüse – das ist sozusagen der „Star" des Gerichts. Oft kommen weitere Gemüsesorten hinzu, aber das saisonale Hauptgemüse prägt das Gericht maßgeblich.

Manche Gemüsesorten tauchen in zwei bis drei Jahreszeiten auf, eben weil sie sozusagen immer Saison haben. Natürlich habe ich das Gemüse dann aber immer anders verwendet: leicht und frisch im Frühling und Sommer oder eher wärmend in den Jahreszeiten Herbst und Winter. Da es beim Meal Prep oft um Zeitersparnis geht, greife ich manchmal auf Fertig- und TK-Produkte zurück. Das ist dann im Rezept vermerkt. Ich versuche, auch das zu minimieren, immer gelingt das im stressigen Alltag nicht.

Pro Saison gibt es jeweils Gerichte aus den Kategorien „Perfekt vorbereitet" und „Schnell zubereitet". Unter TYPE erkennst du, um welche Art es sich handelt. So kannst du je nach Lust und Zeit deine Gerichte planen. Steht dir gerade mehr Zeit zur Verfügung, kannst du ein aufwendigeres Gericht auf den Plan setzen, bist du in Eile, wählst du halt ein schnelles. Das fünfte Kapitel ist dem Zero Waste gewidmet. Hier findest du Rezepte, die du aus deinem Biomüll herstellen kannst, wie beispielsweise mit Gemüsegrün, Kartoffelschalen u. ä. Auch Rezepte für Gerichte, die man aus bereits gekochtem Essen zubereiten kann, habe ich in diesem Kapitel aufgenommen.

Die angegebenen Mengen in den Rezepten habe ich großzügig berechnet und für eine vierköpfige Familie ausgelegt. Das liegt zum einen daran, dass meine Familie und ich einfach gerne und viel essen und es zum anderen ja durchaus erwünscht ist, dass auch Reste für andere Mahlzeiten übrigbleiben, denn so funktioniert das Meal-Prep-System.

Außerdem habe ich versucht, in den Rezepten keine Zutatenreste entstehen zu lassen. In den ganz wenigen Fällen, in denen etwas übrigbleibt, liefere ich dann immer gleich eine Idee zur Resteverwertung mit. So vermeidest du Lebensmittelverschwendung. Außerdem kannst du gewisse Zutaten nach Belieben austauschen: Wenn du nicht mehr genug Paprika zu Hause hast, dann ersetze die fehlenden Mengen durch Zucchini. Der Reis reicht nicht mehr? Dann funktioniert im Grunde auch jede andere Getreidesorte. Viele Zutaten sind absolut austauschbar, experimentieren ist also erwünscht und erlaubt. Das gleiche gilt, wenn du zu viel von etwas besorgt hast.

Übrigens: Die angegeben Zeiten in diesem Buch beziehen sich auf routinierte Meal Prepper. Wenn du für die Rezepte also etwas länger brauchen solltest, dann denke daran, ein wenig mehr Zeit einzuplanen, damit du nicht in unnötigen Stress gerätst. Und sei nicht enttäuscht, wenn du nicht gleich zu Beginn so schnell bist. Das kommt mit der Zeit, da kannst du dir ganz sicher sein.

Viel Spaß beim Nachkochen und Ausprobieren!

Frühling

Gnocchi mit Rucola-Pesto

SHOP

- 1 Apfel
- 200 g Büffelmozzarella
- 700 g Gnocchi
- 35 g Walnüsse
- 2 EL Kapern
- 10 EL Olivenöl
- 20 Zweige Rucola
- 10 Zweige Basilikum
- Salz und Pfeffer

PREP

- 15 Minuten

COOK

- 15 Minuten

TYPE

- Perfekt vorbereitet

PREP

1. Basilikumblätter abzupfen und gemeinsam mit Rucola waschen.

2. Rucola, ⅔ des Basilikums, Nüsse und Olivenöl in einen Mixer geben und zu einem weichen Pesto verarbeiten.

3. Pesto mit Salz und Pfeffer abschmecken.

COOK

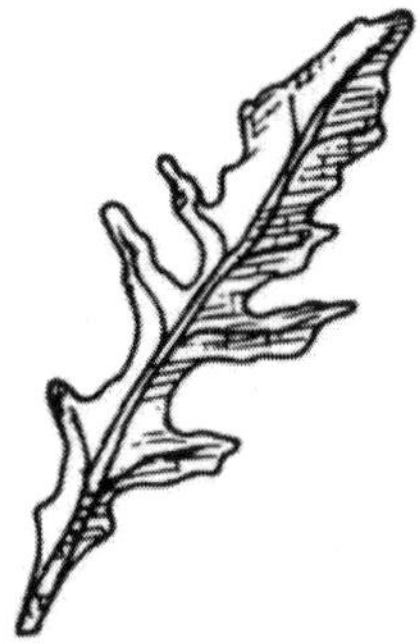

1. Apfel waschen und in kleine Stücke schneiden.

2. Mozzarella zerrupfen.

3. Gnocchi in einer Pfanne mit 3 EL Olivenöl anbraten, bis sie leicht braun werden.

4. Apfelstücke und Kapern hinzugeben und alles mit dem Pesto verrühren. Gericht leicht andicken lassen und vom Herd nehmen.

5. Mozzarella drüberstreuen und mit dem restlichen Basilikum dekorieren. Alles auf Tellern anrichten und servieren.

ZERO WASTE

Pesto-Soßen lassen sich auch mit Feldsalat, Basilikum und vielen anderen Gemüseblättern herstellen. Du kannst die Soßen auch auf Vorrat herstellen, sie halten sich bis zu 2 Wochen im Kühlschrank. Die Rezepte dazu gibt es im Kapitel „Zero Waste" am Ende des Buches.

Bärlauch-Kaspress-Knödel mit Kopfsalat

SHOP

- 1 Zwiebel
- 1 Kopfsalat
- 8 Radieschen
- 500 g Weißbrot
- 4 Eier
- 300 ml Milch
- 200 g Bergkäse
- 6 EL Balsamico
- 1 EL Senf
- 1 EL Honig
- 8 EL Olivenöl
- 10 Blätter Bärlauch
- 1 Schale Kresse
- Salz und Pfeffer

PREP

- 20 Minuten

COOK

- 15 Minuten

TYPE

- Perfekt vorbereitet

PREP

1. Zwiebel schälen und fein hacken.

2. Weißbrot in grobe Würfel schneiden und in eine Schüssel geben.

3. Bärlauch waschen und in feine Streifen schneiden.

4. 1 EL Olivenöl in einer Pfanne erhitzen und die Zwiebelstücke für 3 Minuten anrösten.

5. Milch mit den Eiern in einer Schüssel verquirlen. Mit Salz und Pfeffer würzen und über das geschnittene Weißbrot geben.

6. Zwiebelstücke und Bärlauch zugeben und alles 10 Minuten ziehen lassen.

7. In der Zwischenzeit den Käse in Würfel schneiden und gut mit der Weißbrot-Masse vermengen.

8. Hände befeuchten und aus der Masse kleine Knödel formen und etwas flach drücken.

9. 3 EL Olivenöl in der Pfanne erhitzen, die flachen Knödel hineinlegen und bei niedriger Temperatur goldgelb backen.

COOK

1. Kopfsalat putzen und ggf. Blätter etwas kleiner zupfen. Radieschen waschen und in dünne Scheiben schneiden. Kresse putzen.

2. 4 EL Olivenöl, Balsamico, Honig und Senf in einer Schüssel zu einer Salatsoße vermengen. Mit Salz und Pfeffer würzen.

3. Radieschen und Kopfsalat in einer Schale mischen. Mit Salatsoße begießen und mit der Kresse dekorieren.

4. Kaspress-Knödel in der Pfanne erwärmen und dann pro Portion zwei Kaspress-Knödel mit dem Salat auf einem Teller anrichten und servieren.

Grünkohl-Dal mit Karotten

SHOP

- 4 Blätter Grünkohl
- 4 große Karotten
- 2 Kartoffeln
- 1 Zwiebel
- 2 Knoblauchzehen
- 250 g rote Linsen
- 375 g Reis
- 65 g Cashewkerne
- 1 l Kokosmilch
- 2 EL Olivenöl
- 1 EL Garam Masala
- 1 TL Kreuzkümmel
- 1 TL Currypulver
- 2 Zweige Koriander
- Salz und Pfeffer

PREP

- 40 Minuten

COOK

- 15 Minuten

TYPE

- Perfekt vorbereitet

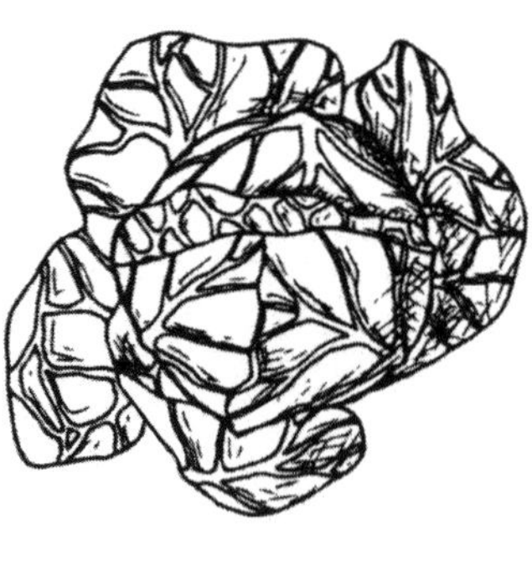

PREP

1. Karotten sowie Kartoffeln schälen und in Stücke schneiden.

2. Zwiebel schälen und klein hacken. Knoblauch schälen und zerdrücken. Grünkohl waschen und vom Strunk entfernen.

3. Linsen in einem Sieb abspülen, bis das durchfließende Wasser sauber ist.

4. In einer großen Pfanne 2 EL Öl erhitzen und Zwiebel sowie Knoblauch darin andünsten.

5. Karotten, Kartoffeln und Grünkohl zugeben und kurz anbraten.

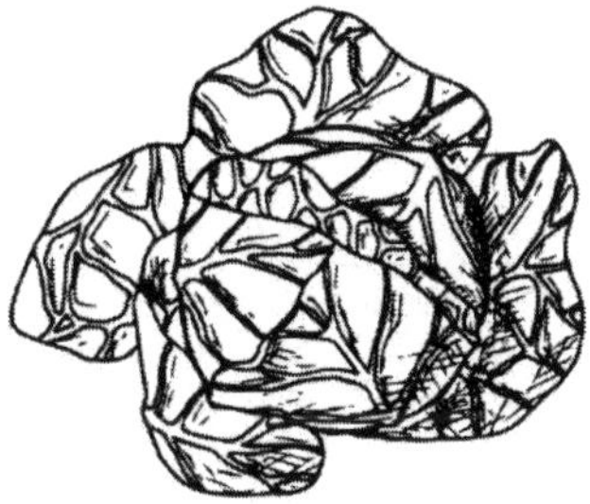

6. Mit Kokosmilch ablöschen und 1 l Wasser zugeben.

7. Die Gewürze und Linsen zugeben. Die Zutaten für ca. 15 Minuten weichkochen und die Flüssigkeit verdampfen lassen.

8. Sobald Linsen, Kartoffeln und Karotten weich sind, Grünkohl zugeben und ca. 15 Minuten weichkochen. Mit Salz und Pfeffer abschmecken.

COOK

1. Reis mit der doppelten Menge Wasser kochen.

2. Dal (aus dem PREP-Schritt) erwärmen.

3. Dal auf dem Teller neben dem Reis anrichten und mit Cashewkernen und Koriandergrün dekorieren und servieren.

Rote-Beete-Risotto mit Thymian-Champignons

SHOP

- 250 g Champignons
- 2 Rote Beete
- 1 Zwiebel
- 1 Knoblauchzehe
- 500 g Graupen (oder Risottoreis)
- 250 ml Weißwein
- 250 ml Gemüsebrühe
- 4 EL geriebenen Parmesan
- 3 Zweige Thymian
- 1 EL Ahornsirup
- 4 EL Olivenöl
- Salz und Pfeffer

PREP

- 30 Minuten

COOK

- 20 Minuten

TYPE

- Perfekt vorbereitet

PREP

1. Zwiebel schälen und in kleine Stücke schneiden. Knoblauch schälen und hacken. Rote Beete schälen und in Würfel schneiden.

2. Knoblauch- und Zwiebelstücke in einer großen Pfanne mit 2 EL Öl anschwitzen.

3. Graupen und Rote Beete kurz mitdünsten. Anschließend mit 1 l Wasser aufgießen.

4. Weißwein sowie Brühe dazugeben und Flüssigkeit verdampfen lassen, bis eine cremige Konsistenz entsteht und sich alles rot eingefärbt hat. Mit Salz und Pfeffer abschmecken.

COOK

1. Pilze putzen und je nach Größe halbieren oder vierteln.

2. Olivenöl in einer Pfanne erhitzen und Thymianzweige anbraten, bis sie duften.

3. Mit Ahornsirup karamellisieren lassen.

4. Pilze dazugeben, mit Salz und Pfeffer würzen und braun anbraten lassen.

5. Risotto (aus dem PREP-Schritt) erwärmen, die Pilze und den Thymian darauf dekorieren und servieren.

ZERO WASTE

Für das Risotto kannst du jede Art von Pilzen verwenden, sie ganz weglassen oder durch Walnüsse ersetzen.

Karotten-Mandel-Tarte mit Salbei und Feta

SHOP

- 8 bunte Karotten
- 3 Eier
- 220 g Mehl
- 150 g Butter
- 100 g Joghurt
- 120 g Crème fraîche
- 100 g Feta
- 70 g gemahlene Mandeln
- 65 g Pinienkerne
- 1 EL Honig
- 1 EL mittelscharfer Senf
- 1 Knoblauchzehe
- 2 Zweige Salbei
- 1 EL Zimt
- Salz und Pfeffer

PREP

- 60 Minuten
  (+ 60 Minuten)

COOK

- 10 Minuten

TYPE

- Perfekt vorbereitet

PREP

1. Backofen auf 180 °C Umluft vorheizen.

2. Mehl, Mandeln und Butter in einer Schüssel vermengen und zu einem Mürbeteig kneten. Mit einer Prise Salz würzen und ggf. mit ein paar EL Wasser geschmeidig machen. Eine Stunde ruhen lassen.

3. Karotten in kleine Stücke schneiden und in einem Topf mit leicht gesalzenem Wasser für ca. 15 Minuten weich dünsten.

4. Für die Füllung Joghurt, Crème fraîche und Eier in einer Schüssel verquirlen. Mit Honig, Senf, Zimt, Salz, gehacktem Knoblauch und Pfeffer würzen. Kühl stellen.

5. Teig dünn ausrollen und in eine gefettete Springform legen, sodass ein Rand entsteht.

6. Teig gleichmäßig mit der Gabel einstechen und 30 Minuten backen.

7. Die Füllung auf den Boden gießen und mit den Karotten sowie den Salbeiblättchen belegen.

8. Feta zerbröseln und gleichmäßig auf der Tarte verteilen.

9. Im vorgeheizten Backofen für 30 bis 45 Minuten backen, bis die Tarte gestockt und goldgelb ist. Vor dem Verzehr etwas abkühlen lassen.

COOK

1. Die Tarte schmeckt warm und kalt.

2. Pinienkerne ohne Fett in der Pfanne anrösten, Thymian putzen und zerrupfen und beides auf der Tarte verteilen. In Stücke schneiden und servieren.

Kürbis-Curry mit Chili und Thai-Basilikum

SHOP

- 1 Hokkaido-Kürbis (groß)
- 2 Zwiebeln
- 500 g brauner Reis
- 200 ml Gemüsebrühe
- 3 TL Sojasoße
- 2 TL Austern- oder Fischsauce
- 2 TL Honig
- 3 EL Olivenöl
- 4 Knoblauchzehen
- 10 Zweige Thai-Basilikum
- 3 rote Chilischoten

PREP

- 45 Minuten

COOK

- 25 Minuten

TYPE

- Perfekt vorbereitet

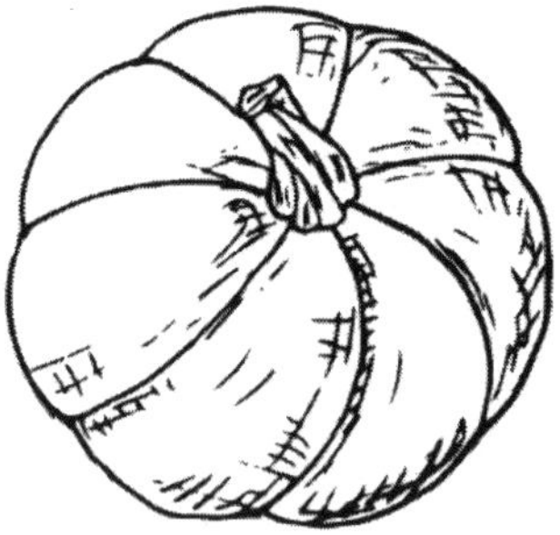

PREP

1. Zwiebeln und Knoblauch schälen und hacken.

2. Olivenöl in einer Pfanne erhitzen und Zwiebeln und Knoblauch darin glasig dünsten.

3. Kürbis waschen, in Würfel schneiden und mit in die Pfanne geben. Kurz anrösten.

4. Mit Gemüsebrühe ablöschen und weichkochen.

5. Soja-, Austernsoße und Honig zugeben.

COOK

1. Den Reis in der doppelten Menge Wasser und einer Prise Salz garen und warmhalten.

2. Chilis sowie Thai-Basilikum waschen und in Streifen schneiden.

3. Reis mit Kürbis vermischen. Mit dem Basilikum und Chili dekorieren und in Schalen füllen und servieren.

ZERO WASTE

Anstelle von braunem Reis kannst du auch weißen verwenden. Das Thai-Basilikum lässt sich durch Koriander oder normales Basilikum ersetzen, die Fischsoße durch Sojasoße.

Spaghetti mit Endivie, Taleggio und Mandeln

SHOP

- 1 Endivienkopf
- 1 mittelgroße Zwiebel
- 500 g Spaghetti
- 300 g Taleggio-Käse
- 50 g Mandelblättchen
- 200 ml Sahne
- 3 EL Olivenöl
- 1 Knoblauchzehe
- 1 TL Zucker
- 1 Prise Muskat
- Salz und Pfeffer

PREP

- 45 Minuten

COOK

- 15 Minuten

TYPE

- Perfekt vorbereitet

PREP

1. Taleggio in kleine Würfel schneiden, Zwiebel sowie Knoblauch schälen und hacken.

2. Endivienblätter von den Stängeln zupfen, in eine Schüssel geben, waschen und dann mit heißem Wasser übergießen. 15 Minuten stehen lassen und anschließend abgießen.

3. In einer großen Pfanne Zwiebeln in Öl glasig braten, Endivie und Knoblauchzehe zerdrückt hinzugeben und braten, bis die Endivie zusammenfällt. Mit Salz und Pfeffer würzen.

4. Mit Sahne ablöschen, den Käse zugeben, alles gut durchmischen und mit Salz, Pfeffer und Muskat abschmecken.

COOK

1. Spaghetti in einem Topf mit gesalzenem Wasser garen, bis sie bissfest sind.

2. Mandelblättchen in einer Pfanne ohne Öl leicht anbräunen, Zucker untermengen und karamellisieren lassen. Beiseitestellen.

3. Soße erwärmen, über die Spaghetti geben und mit den Mandelblättchen dekorieren. Auf Tellern servieren.

ZERO WASTE

Statt Taleggio kannst du auch Parmesan oder andere Käsesorten verwenden, die du verbrauchen möchtest.

Blumenkohl-Kokosmilch-Korma

SHOP

- 1 Blumenkohl
- 2 Tomaten
- 1 Zwiebel
- 500 g Reis
- 1 l Kokosmilch
- 3 El Olivenöl
- 1 Knoblauchzehe
- 2 EL Ingwer
- 1 TL Curry
- 1 TL Kurkuma
- 1 TL Zimt
- 1 TL Garam Masala
- 2 Kreuzkümmelsamen
- 5 Zweige Koriander
- 35 g Cashewnüsse
- 1 EL Ahornsirup
- Salz und Pfeffer

PREP

- 40 Minuten

COOK

- 15 Minuten

TYPE

- Perfekt vorbereitet

PREP

1. Zwiebeln, Knoblauch sowie Ingwer schälen und kleinhacken. Koriander waschen und hacken.

2. Tomaten sowie Blumenkohl waschen und in mundgerechte Stücke schneiden.

3. Zwiebel, Knoblauch, Kreuzkümmelsamen und Ingwer in einer Pfanne mit Öl anbraten.

4. Mit der Kokosmilch ablöschen und mit Curry, Garam Masala, Zimt und Kurkuma würzen. Ahornsirup dazugeben.

5. Tomaten und Cashews zugeben und 5 Minuten kochen lassen. Ggf. etwas Wasser oder Gemüsebrühe hinzufügen.

6. Parallel den Blumenkohl in einem Topf mit Wasser für ca. 15 Minuten garen.

7. Den Kreuzkümmel aus der Gewürztomatensoße entfernen und alles im Mixer glatt pürieren.

COOK

1. Die Soße wieder in die Pfanne geben und den Blumenkohl zugeben. Beides erwärmen.

2. Den Reis mit der doppelten Menge Wasser und einer Prise Salz in einem Kochtopf garen.

3. Blumenkohl über den Reis geben und mit dem restlichen Koriander und Chiliflocken anrichten. Auf Teller geben und servieren.

Steckrüben-Eintopf mit getrockneten Tomaten

SHOP

- 1 kg Steckrübe
- 500 g Karotten
- 500 g Kartoffeln
- 1 Zwiebel
- 250 g Risoni
- 2 EL Öl
- 150 g getrocknete Tomaten in Öl
- 1 Lorbeerblatt
- 1 EL Zucker
- 2 EL Apfelessig
- Salz und Pfeffer

PREP

- 40 Minuten (+ 80 Minuten)

COOK

- 15 Minuten

TYPE

- Perfekt vorbereitet

PREP

1. Steckrüben, Kartoffeln, Zwiebeln sowie Karotten schälen und würfeln.

2. Öl in einem Topf erhitzen und Zwiebel glasig dünsten.

3. Gemüse und Lorbeerblatt zugeben. Mit Salz, Pfeffer und einer Prise Zucker würzen und anbraten.

4. Mit 2,5 l Wasser angießen, Risoni zugeben und ohne Deckel 80 Minuten köcheln lassen.

COOK

1. Petersilie waschen.

2. Getrocknete Tomaten und die Petersilie kleinschneiden. Beides zu dem Eintopf zugeben, dabei einen kleinen Teil Petersilie übriglassen. Alles erwärmen.

3. Mit Salz, Pfeffer und etwas Essig abschmecken.

4. Den Rest Petersilie über den Eintopf geben und in Suppentellern servieren.

ZERO WASTE

Der Eintopf eignet sich hervorragend zur Resteverwertung. Du kannst einfach alles darin verwenden, was dringend verbraucht werden muss.

Staudensellerie - Süppchen mit Mandeln

SHOP

- 750 g Staudensellerie
- 1 Zwiebel
- 1 l Brühe
- 125 ml Sahne
- 1 Handvoll Mandelblättchen
- 3 EL Weißwein
- 2 EL Olivenöl
- 10 Zweige Petersilie
- Salz und Pfeffer

PREP

- 55 Minuten

COOK

- 15 Minuten

TYPE

- Perfekt vorbereitet

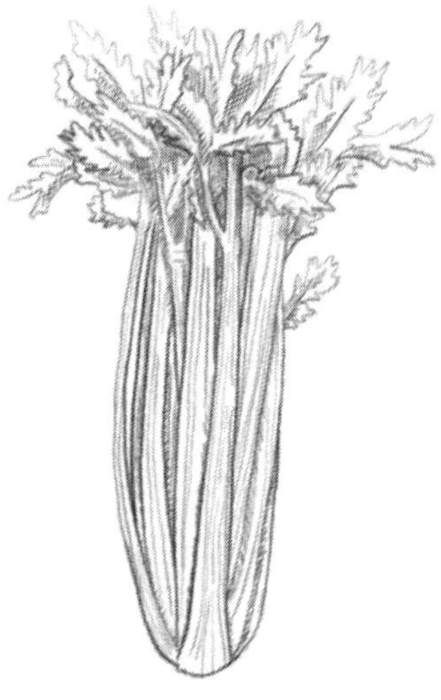

PREP

1. Sellerie waschen und mit dem Selleriegrün in Streifen schneiden. Petersilie waschen und hacken.

2. Zwiebeln schälen und würfeln. In einer Pfanne mit Öl glasig dünsten.

3. Sellerie dazugeben und für ca. 10 Minuten mitdünsten.

4. Mit Brühe aufgießen und den Großteil der Petersilie zugeben. Alles ca. 35 Minuten kochen.

5. Zutaten im Topf mit dem Pürierstab pürieren.

6. Sahne und Weißwein in einer Tasse verquirlen und mit der Suppe vermischen. Flüssigkeit verdampfen lassen.

COOK

1. Suppe erwärmen.

2. Mandelblättchen ohne Öl in der Pfanne anbräunen.

3. Suppe mit Salz und Pfeffer abschmecken und mit den Mandelblättchen sowie der restlichen Petersilie dekorieren und in Suppenschüsseln servieren.

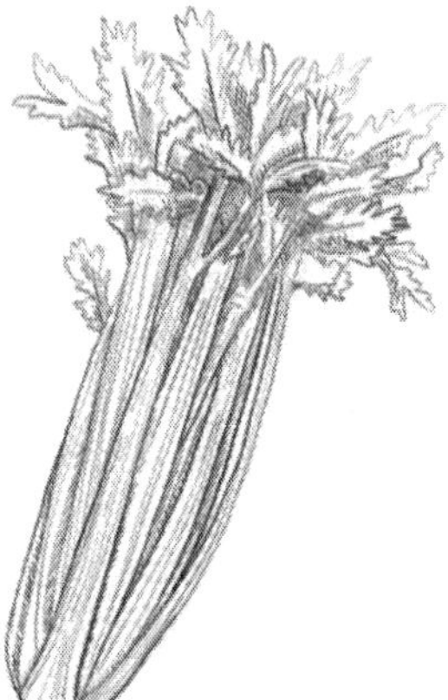

ZERO WASTE

Die Mandeln kannst du durch verschiedene Nuss-Sorten ersetzen. Anstelle der Sahne kannst du Joghurt, Quark oder Crème fraîche verwenden. Die Suppe lässt sich gut auf Vorrat kochen und einfrieren.

Spirelli mit Mangold und Zitrone

SHOP

- 500 g Mangold
- 1 Zwiebel
- 1 Zitrone
- 500 g Spirelli
- 100 g Cashewmus (oder Crème fraîche)
- 100 g gemischte Kerne
- 2 EL Olivenöl
- 2 Knoblauchzehen
- Salz und Pfeffer

PREP

- 25 Minuten

COOK

- 15 Minuten

TYPE

- Perfekt vorbereitet

PREP

1. Mangold waschen und in mundgerechte Stücke schneiden.

2. Zwiebel sowie Knoblauch schälen und hacken.

3. Knoblauch und Zwiebel in einer Pfanne mit Olivenöl dünsten.

4. Mangold hinzufügen und braten, bis er leicht zerfällt.

5. Cashewnussmus hinzugeben und mit 200 ml Wasser aufgießen. Für 15 Minuten köcheln lassen.

6. Mit Salz, Pfeffer und Zitronensaft abschmecken.

COOK

1. Spirelli in einem Topf mit gesalzenem Wasser al dente kochen.

2. Kerne ohne Öl in einer Pfanne goldbraun rösten.

3. Soße (aus dem PREP-Schritt) erwärmen und über die Nudeln geben. Kerne drüberstreuen. Alles auf Tellern verteilen und servieren.

ZERO WASTE

Den Mangold kannst du mit Spinat mischen oder dadurch ersetzen. Alternativ zu der Crème fraîche kannst du Frischkäse, Quark oder Joghurt verwenden.

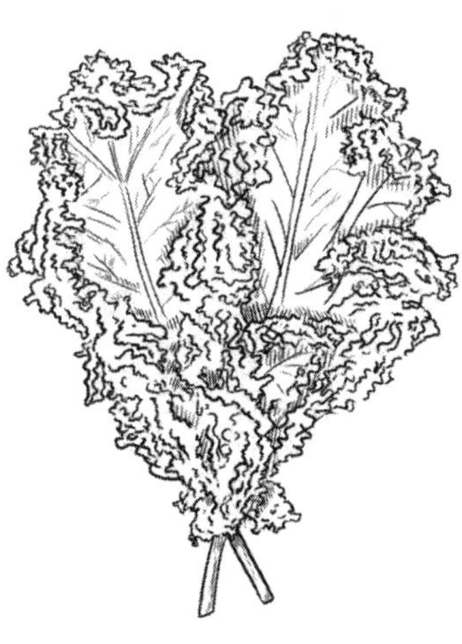

Rhabarber-Chutney mit Ingwer

SHOP

- 1 kg Rhabarber
- 1 Apfel
- 1 Zwiebel
- 150 ml Apfelessig
- 1 kleine Chilischote
- 4 TL gehackter Ingwer
- 1 TL Zimt
- 125 g Gelierzucker
- Salz und Pfeffer

PREP

- 35 Minuten

COOK

- 0 Minuten

TYPE

- Perfekt vorbereitet

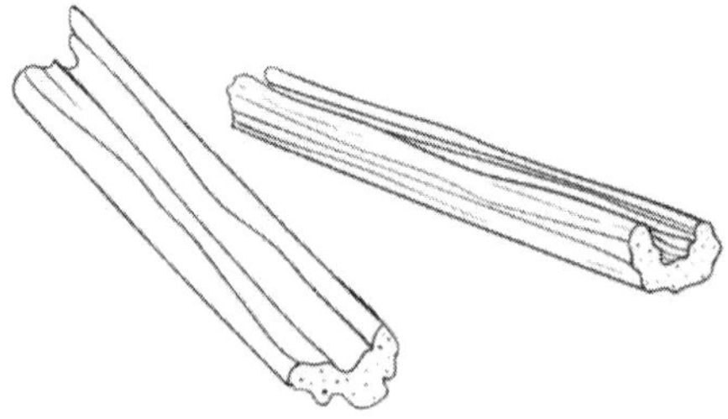

PREP

1. Rhabarber und Apfel waschen, schälen und in kleine Stücke schneiden.

2. Zwiebel schälen und in kleine Stücke schneiden.

3. Zutaten in einen großen Topf geben und mit dem Essig zum Kochen bringen.

4. Gewürze und Gelierzucker zugeben und alles einköcheln lassen, bis es cremig ist.

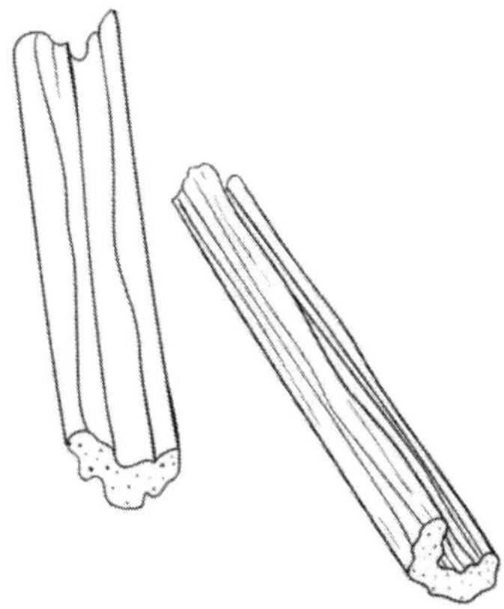

5. Mit Salz und Pfeffer abschmecken und direkt in die Gläser einfüllen. Fest verschließen.

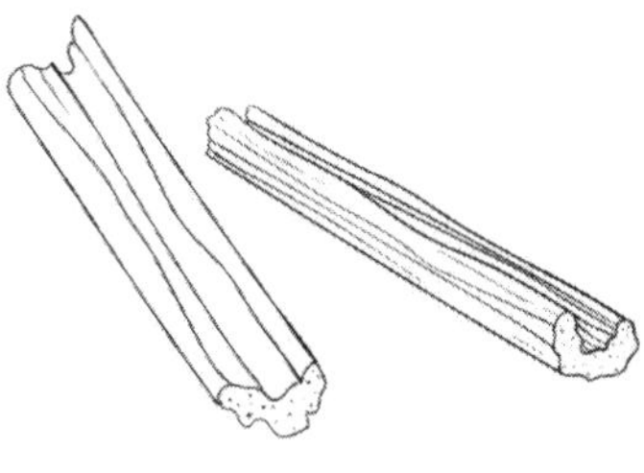

ZERO WASTE

Wenn du nicht mehr genug Rhabarber hast, kannst du das Chutney mit Erdbeeren oder Äpfeln ergänzen. Das Chutney eignet sich auch als Brotaufstrich.

Indisches Spinat - Curry

SHOP

- 600 g Blattspinat
- 1 Zwiebel
- 1 Knoblauchzehe
- 500 g Basmatireis
- 200 g Tofu
- 300 ml Sahne
- 1 TL Garam Masala
- ½ TL Kreuzkümmel
- ½ TL Korianderpulver
- 2 EL gehackter Ingwer
- 2 TL Currypulver mild
- 1 TL Chiliflakes
- 4 EL Olivenöl
- Salz und Pfeffer

PREP

- 30 Minuten

COOK

- 20 Minuten

TYPE

- Perfekt vorbereitet

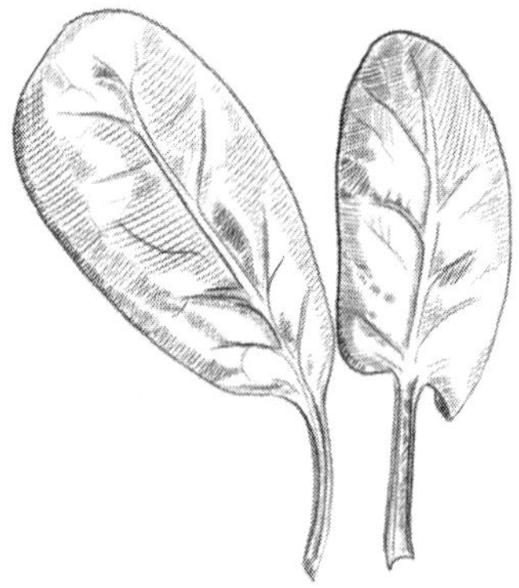

PREP

1. Spinat putzen. Knoblauch, Ingwer und Zwiebeln schälen und hacken.

2. Zwiebeln und Knoblauch in 2 EL Olivenöl andünsten.

3. Spinat kurz mitdünsten.

4. Mit Wasser und Sahne ablöschen.

5. Gewürze und ⅔ des Ingwers zugeben und Flüssigkeit verdampfen lassen.

6. Reis mit der doppelten Menge Wasser und einer Prise Salz in einem Topf kochen lassen.

COOK

1. Reis erwärmen und warmhalten.

2. Tofu ausdrücken, würfeln und in einer Pfanne mit 2 EL Öl anbraten. (Als Alternative: Tofu mit etwas Ahornsirup in der Pfanne karamellisieren lassen.)

3. Angebratenen Tofu zum Spinat geben und neben dem Reis auf einem Teller anrichten.

4. Alles mit dem übrigen Ingwer und Chiliflocken dekorieren und servieren.

ZERO WASTE

Das Curry funktioniert ebenso mit Mangold oder anderem blättrigen Gemüse.

Scharf angebratene Radieschen mit Bulgur

SHOP

- 2 Bund Radieschen (inkl. Blätter)
- 300 g Bulgur
- 2 EL Ahornsirup
- 2 EL Apfelessig
- 250 g Joghurt
- 6 EL Olivenöl
- 10 Zweige Petersilie
- 3 TL Curry
- 1 TL Chiliflakes
- Meersalzflocken und Pfeffer

PREP & COOK

- 40 Minuten

TYPE

- Schnell zubereitet

PREP & COOK

1. Radieschen von den Blättern befreien. Kappen und Enden abschneiden. Radieschen und Blätter gründlich waschen.

2. Blätter fein hacken und beiseitestellen. Radieschen halbieren.

4. Olivenöl in der Pfanner erhitzen und Radieschen anbraten.

5. Ahornsirup und Essig über die Radieschen in der Pfanne geben. Salz, Pfeffer, Curry und Chili nach Belieben zugeben.

6. Zutaten durchschwenken und bei niedriger Hitze ca. 10 Minuten weichdünsten.

7. Bulgur nach Packungsbeilage quellen lassen. Mit Salz, Pfeffer und Olivenöl abschmecken.

8. Minze waschen und klein hacken und unter den Bulgur mischen.

9. Radieschenblätter zu den Radieschen geben und mitbraten. Eine kleine Handvoll Radieschenblätter übriglassen. Mit Meersalz und Chiliflakes abschmecken.

10. Joghurt mit 1 TL Curry, 1 EL Olivenöl und etwas Salz vermischen.

11. Bulgur auf Teller verteilen und die Radieschen darauf anrichten. Das Gericht mit den restlichen Radieschenblättern bestreuen, den Joghurt darüber verteilen und servieren.

Ofen-Kohlrabi mit Birne und Kernen

SHOP

- 4 Birnen
- 4 Kohlrabi
- 8 getrocknete Tomaten in Öl
- 2 Handvoll Walnüsse
- 1 Handvoll Pinien- oder Kürbiskerne
- 250 g Parmesan
- 8 EL Olivenöl
- 1 EL Kernöl
- 5 Zweige Basilikum
- 1 TL Chiliflakes
- Salz und Pfeffer

PREP & COOK

- 45 Minuten

TYPE

- Schnell zubereitet

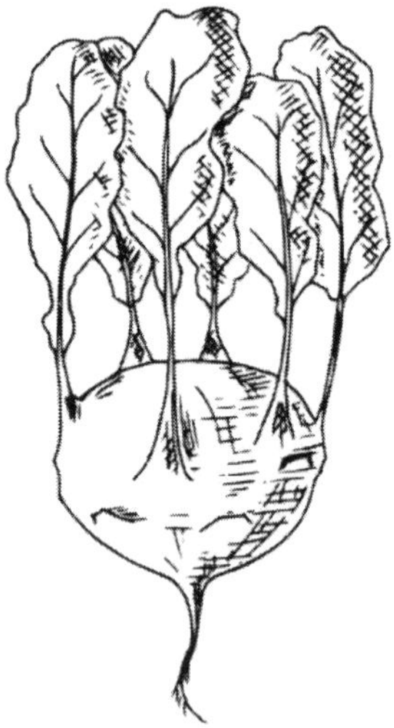

PREP & COOK

1. Ofen auf 180 °C Umluft vorheizen.

2. Birne waschen, Kohlrabi schälen und beides in sehr dünne Scheiben schneiden.

3. Olivenöl mit Salz, Chili und Pfeffer in einer Schüssel mischen. Birne und Kohlrabi darin marinieren.

4. Parmesan grob hobeln und getrocknete Tomaten in Streifen schneiden.

5. Abwechselnd Birne und Kohlrabi in einer Auflaufform stapeln und jede Schicht mit Parmesan und Nüssen bestreuen. Getrocknete Tomaten darauf verteilen.

6. Den Auflauf mit einer dicken Schicht Parmesan abschließen.

7. Für 30 Minuten in den Ofen schieben.

8. Basilikumblätter abzupfen und waschen.

9. Auflauf mit Basilikum, Chiliflakes und etwas Kernöl toppen. Mit dem Messer in Stücke zerteilen, auf Tellern anrichten und servieren.

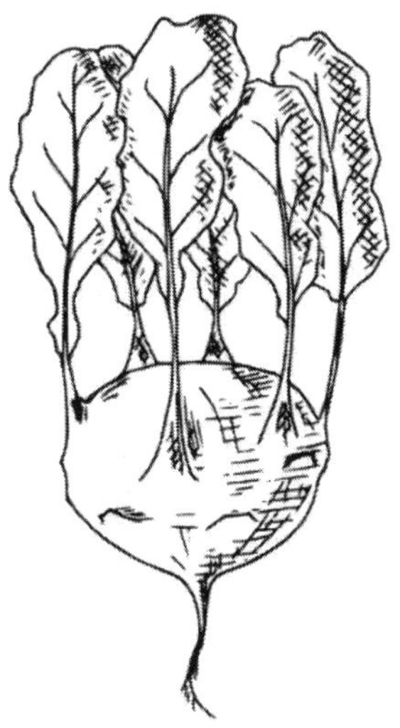

ZERO WASTE

Statt der Birne kannst du auch Äpfel verwenden. Der Kohlrabi lässt sich auch durch eine Sellerieknolle ersetzen. Falls etwas übrigbleibt, kannst du den Auflauf auch kalt als vegetarisches Carpaccio genießen.

Ofen-Spargel mit Kichererbsen

SHOP

- 1 kg grüner Spargel
- 1 Glas Kichererbsen
- 150 g Cocktail-Tomaten
- 150 g Champignons
- 500 g Quinoa
- 6 EL Parmesan
- 4 EL Olivenöl
- 1 TL Currypulver
- 2 Zweige Koriander
- Salz und Pfeffer

PREP & COOK

- 40 Minuten

TYPE

- Schnell zubereitet

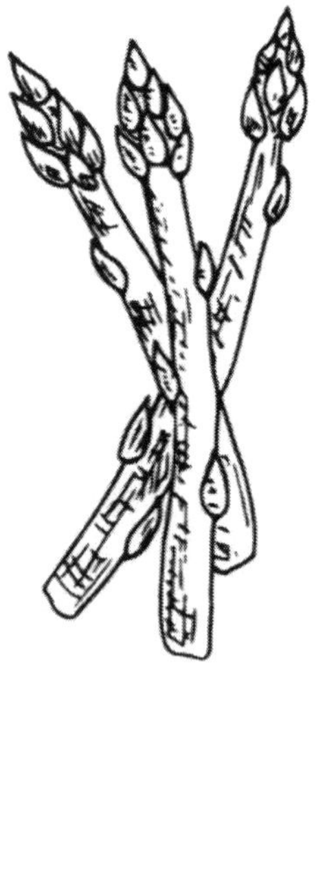

PREP & COOK

1. Backofen auf 180 °C Umluft vorheizen.

2. Grünen Spargel putzen, Enden abschneiden, vierteln und in eine Auflaufform geben.

3. Cocktailtomaten und Champignons waschen, halbieren und dazugeben.

4. Kichererbsen abtropfen lassen und mit in die Auflaufform schütten.

5. Alles in Olivenöl, Thymian und grobem Meersalz marinieren.

6. Parmesan hobeln und über das Gemüse in der Auflaufform geben.

7. Für 30 Minuten im Ofen garen lassen.

8. Parallel dazu Quinoa nach Packungsbeilage garen und das Gemüse aus dem Ofen anschließend darauf anrichten und servieren.

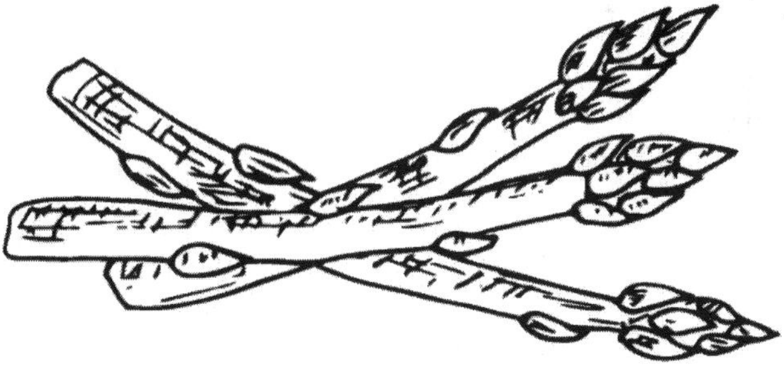

ZERO WASTE

Das Gericht lässt sich genauso gut mit weißem Spargel zubereiten. Sollte etwas übrigbleiben, kannst du das Gericht am nächsten Tag perfekt als Nudelsoße verwenden.

Chinakohl in süß - scharfer Soße

SHOP

- 1 großer Chinakohl
- 2 Frühlingszwiebeln
- 2 cm Ingwer
- 250 g Reisnudeln
- 4 EL Sojasoße
- 2 EL Austernsoße
- 2 TL Ahornsirup
- 3 EL Olivenöl
- 2 TL Pfefferkörner
- 1 TL Chiliflocken

PREP & COOK

- 30 Minuten

TYPE

- Schnell zubereitet

PREP & COOK

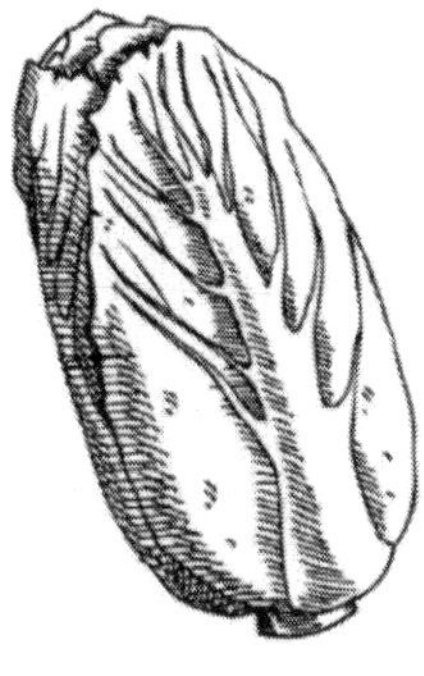

1. Den Chinakohl waschen und in mundgerechte Stücke schneiden.

2. Ingwer und Frühlingszwiebeln schälen und klein hacken.

3. Sojasoße, Austernsoße und Ahornsirup in einer Schüssel verrühren.

4. Olivenöl in einer Pfanne erhitzen, Pfefferkörner hinzufügen und braten, bis sie dunkel werden und duften. Anschließend herausnehmen.

5. Ingwer und Frühlingszwiebeln in die Pfanne geben und kurz umrühren, bis sich der Duft entfaltet. Etwas Frühlingszwiebeln zurückhalten.

6. Chinakohl mit in die Pfanne geben und kochen, bis er in sich zusammenfällt.

7. Herd auf mittlere Hitze stellen, die Soße aus der Schüssel über die Zutaten in der Pfanne gießen und gut rumrühren. Chiliflocken zugeben und abschmecken. Köcheln lassen, bis der Kohl weich ist.

8. Die Nudeln in einem Topf mit gesalzenem Wasser al dente kochen.

9. Die Zutaten miteinander vermischen. Auf Tellern anrichten, mit den restlichen Frühlingszwiebeln und Chiliflocken dekorieren und servieren.

Spargel-Salat mit Erdbeeren

SHOP

- 200 g weißer Spargel
- 200 g grüner Spargel
- 250 g Erdbeeren
- 250 g Cocktailtomaten
- 200 g Pflücksalat
- 1 Orange
- 250 g Büffelmozzarella
- 2 EL Sonnenblumenkerne
- 2 TL Honig
- 2 EL Olivenöl
- 2 Bund Basilikum
- Salz und Pfeffer

PREP & COOK

- 30 Minuten

TYPE

- Schnell zubereitet

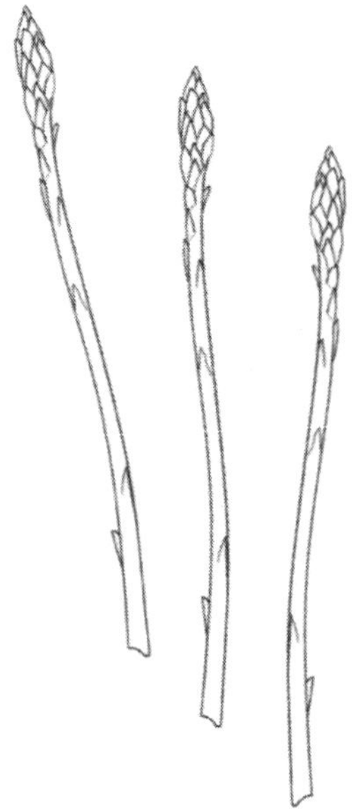

PREP & COOK

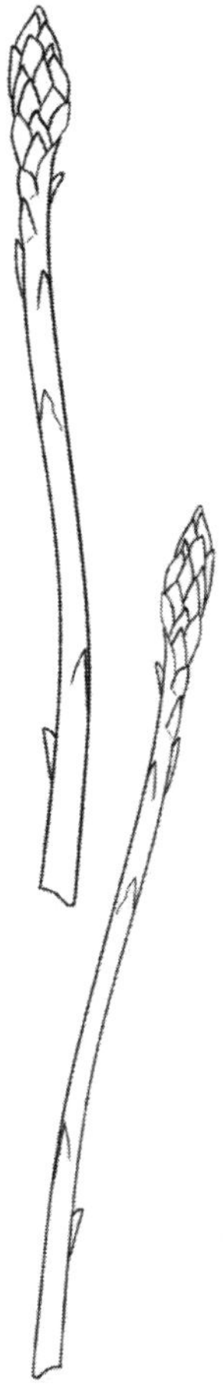

1. Weißen Spargel schälen und bei beiden Sorten holzige Enden abschneiden.

2. Spargel und Tomaten in mundgerechte Stücke schneiden.

3. Klein geschnittenen Spargel in einer Pfanne in etwas Wasser andünsten, bis er bissfest ist. Mit Salz und Pfeffer abschmecken.

4. In der Zwischenzeit Erdbeeren waschen und halbieren. Mozzarella zerrupfen. Pflücksalat waschen und zerkleinern.

5. Für das Dressing Saft, Honig, Salz und Pfeffer in einer Schüssel verrühren und Olivenöl unterschlagen.

6. Basilikumblätter waschen, abzupfen, zerkleinern und ins Dressing geben.

7. Dressing mit dem Salat vermischen. Die Sonnenblumenkerne untermischen und servieren.

8. Der Salat eignet sich auch als Hauptgericht, wenn man Gerstengraupen, Reis oder Couscous untermischt.

ZERO WASTE

Anstelle von Mozzarella kannst du Fetakäse oder Halloumi verwenden. Der Pflücksalat lässt sich durch jeden anderen Salat ersetzen.

Rüben vom Blech mit Currydip

SHOP

- 6 Pastinaken
- 2 Rote Beete
- 2 Gelbe Beete
- 4 Kartoffeln
- 1 EL Ahornsirup
- 500 g Joghurt
- 7 EL Olivenöl
- 1 EL Currypulver
- 1 Bund Thymian
- Meersalzflocken und Pfeffer

PREP & COOK

- 55 Minuten

TYPE

- Schnell zubereitet

PREP & COOK

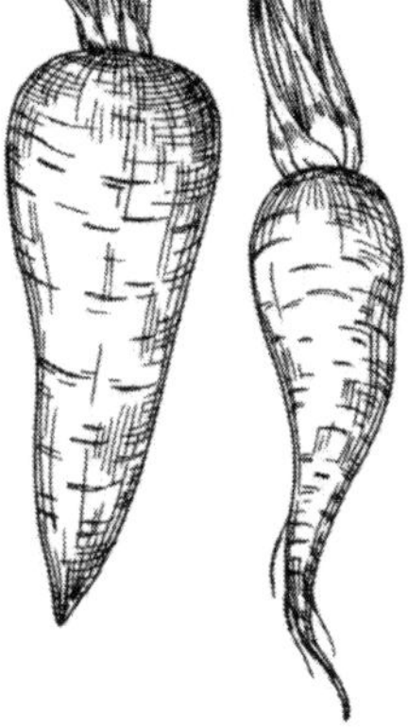

1. Ofen auf 180 °C Umluft vorheizen.

2. Gemüse gründlich putzen und in mundgerechte Stücke schneiden.

3. Thymian mit Meersalzflocken, Ahornsirup und Olivenöl in einer Schüssel verrühren und Rüben sowie Wurzeln darin marinieren.

4. Alles auf ein Blech geben und ca. 35 Minuten im Ofen backen.

5. Aus Joghurt, restlichem Olivenöl und Curry in einer Schüssel einen Dip herstellen.

6. Gemüse auf eine Platte geben, Dip darauf verteilen und servieren.

ZERO WASTE

Bei diesem Gericht kannst du alle Beeten und Rüben kombinieren.

Eichblattsalat mit Orangen und Ziegenbrie

SHOP

- 1 Kopf Eichblattsalat
- 3 Orangen
- 100 g Datteln
- 4 Scheiben Ziegenbrie (ca. 1 cm dick)
- 50 g Pinienkerne
- ½ Zitrone
- 60 ml Orangensaft
- 1 EL Honig
- 1 EL Olivenöl
- Salz und Pfeffer

PREP & COOK

- 25 Minuten

TYPE

- Schnell zubereitet

PREP & COOK

1. Salat waschen und in mundgerechte Stücke zupfen.

2. Orangen schälen und filetieren. Datteln in dünne Streifen schneiden.

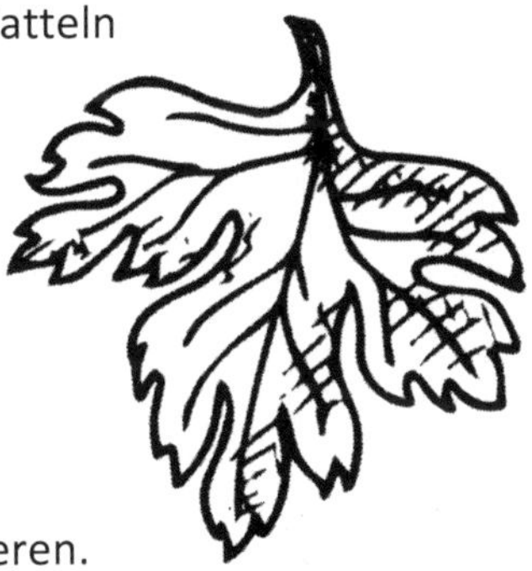

3. Orangen und Datteln in einer Schale mit dem Salat vermengen.

4. Pinienkerne in einer Pfanne ohne Öl goldbraun rösten.

5. Ziegenbrie in einer Pfanne mit Öl anbraten und mit Honig karamellisieren.

6. Aus Zitronensaft, Orangensaft, Salz, Pfeffer und Honig in einer Schüssel ein Dressing herstellen.

7. Salat auf einem Teller anrichten und mit Dressing begießen. Ziegenbrie darüberlegen und mit Pinienkernen bestreuen und servieren.

ZERO WASTE

Den Ziegenbrie kannst du durch Fetakäse oder Halloumi ersetzen, die Datteln durch Trockenpflaumen oder -aprikosen. Die übrig gebliebene Hälfte der Zitrone kannst du auspressen und mit 1 TL braunem Zucker verrühren. Teile die Mischung auf vier Gläser auf und vermenge das Ganze mit etwas Sprudelwasser für einen erfrischenden Frühlingsdrink. Es sieht besonders hübsch aus, wenn man in jedes Glas einen Stängel Minze verteilt.

Rosenkohl-Auflauf mit Weißkraut und Pilzen

SHOP

- 500 g Rosenkohl
- ¼ Kopf Weißkraut
- 300 g Champignons
- 200 g geriebener Bergkäse
- 3 EL Mehl
- 200 ml warme Gemüsebrühe
- 200 ml Sahne
- 3 EL Olivenöl
- 1 Knoblauchzehe
- 1 Msp. Kreuzkümmel
- 1 Msp. Muskat
- Salz und Pfeffer

PREP & COOK

- 20 Minuten
  (+ 35 Minuten)

TYPE

- Schnell zubereitet

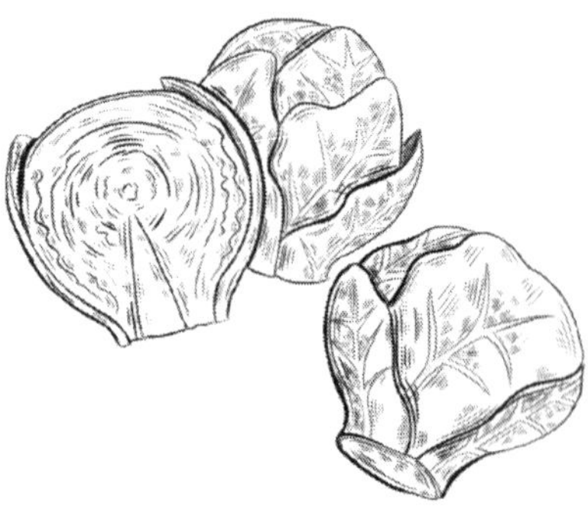

PREP & COOK

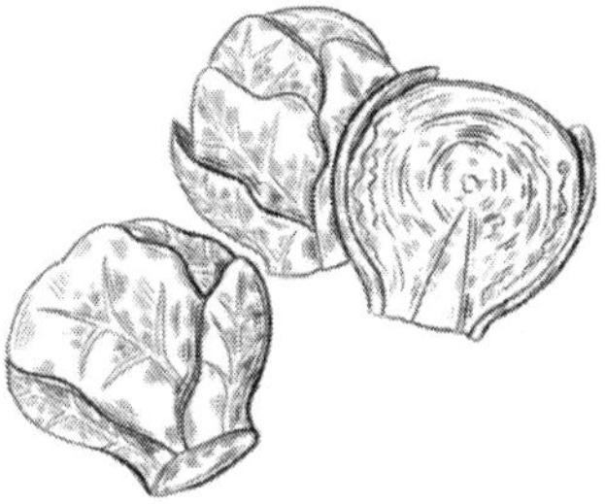

1. Backofen auf 180 °C Umluft vorheizen.

2. Knoblauch schälen und hacken.

3. Öl mit gehacktem Knoblauch und Mehl in einen Topf geben und anschwitzen, bis sich alles verbunden hat.

4. Brühe angießen und mit dem Schneebesen gut durchrühren. Mit der Sahne auffüllen und 3 Minuten köcheln lassen.

5. Mit Salz, Pfeffer, Muskat und Kreuzkümmel abschmecken.

6. Rosenkohl putzen, halbieren und in einem Topf mit kochendem Wasser für 5 Minuten blanchieren. Anschließend abschrecken.

7. Das Weißkraut putzen und in Streifen schneiden. Pilze putzen und ggf. mundgerecht zerkleinern.

8. Rosenkohl mit den Pilzen und dem Weißkraut in eine Auflaufform geben. Alles mit der Soße übergießen und den Bergkäse drüber raspeln.

9. Ca. 35 Minuten im Ofen backen. Etwas abkühlen lassen, in Stücke schneiden und auf Tellern servieren.

ZERO WASTE

Hast du noch Reste von Karotten oder anderen Rüben? Pack sie mit in den Auflauf. Statt Weißkohl kannst du auch Spitzkohl verwenden. Der restliche Auflauf kann am nächsten Tag sehr gut aufgewärmt werden.

Sellerie am Stück aus dem Ofen

SHOP

- 2 große Sellerie
- 500 g Gerstengraupen
- 4 EL geriebener Parmesan
- 8-10 EL Olivenöl
- 5 Zweige Petersilie
- 2 TL rosa Pfefferbeeren
- grobes Meersalz und Pfeffer

PREP & COOK

- 15 Minuten
  (+ 180 Minuten)

TYPE

- Schnell zubereitet

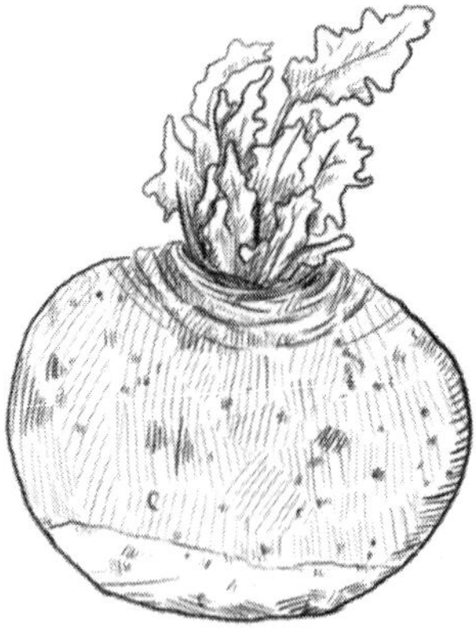

PREP & COOK

1. Backofen auf 180 °C Umluft vorheizen.

2. Sellerie gründlich waschen, Strunk abschneiden.

3. Mit Olivenöl bestreichen und mit Meersalz bestreuen. Anschließend auf ein Backblech geben.

4. Im Ofen 3 Stunden weich braten. (Der Sellerie ist fertig, sobald er sich mit einem Holzstab leicht durchstechen lässt.)

5. Parallel die Gerstengraupen nach Packungsanweisung quellen lassen und mit dem Parmesan, Olivenöl, Salz und Pfeffer würzen.

6. Petersilie waschen und klein hacken.

7. Den Sellerie wie einen Braten in Scheiben schneiden und mit den Graupen auf einem Teller anrichten. Mit Meersalz, Petersilie und zerdrückten rosa Pfefferbeeren bestreuen.

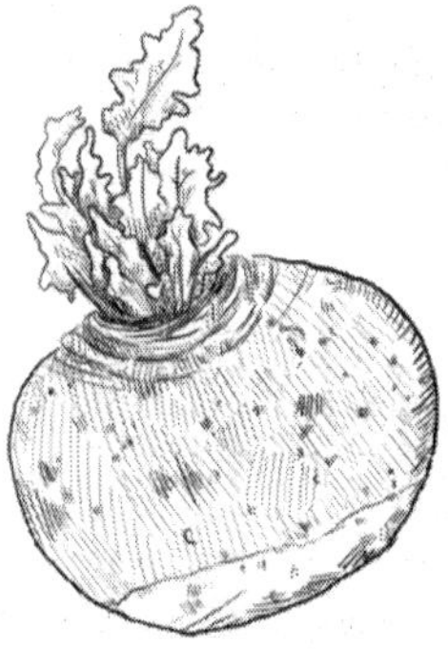

ZERO WASTE

Langsam im Ofen gebrutzelt zu werden, tut allen großen Gemüsesorten gut. Sie bekommen ein einzigartiges Aroma. Das Rezept funktioniert auch gut mit Blumenkohl, Brokkoli oder großen Steckrüben.

Sommer

Brokkoli mit Karotten in Orangensoße

SHOP

- 1 Brokkoli
- 5 Karotten
- 1 Zwiebel
- 250 g Reis
- 250 g Kichererbsen
- 30 g Sesam
- 400 ml Orangensaft
- 2 EL Olivenöl
- 1 TL Zimt
- 1 EL Garam Masala
- 6 Kardamom-Kapseln
- 15 Zweige Koriander
- 1 TL Chiliflakes
- Salz

PREP

- 30 Minuten

COOK

- 20 Minuten

TYPE

- Perfekt vorbereitet

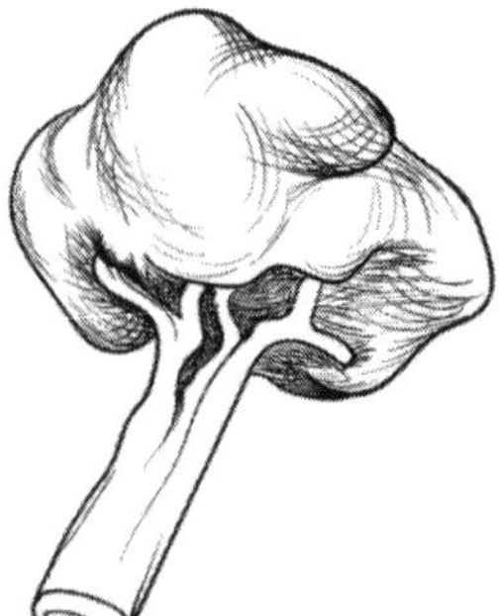

PREP

1. Brokkoli putzen und in kleine Röschen zerteilen.

2. Karotten schälen und in Scheiben schneiden. Zwiebel schälen und hacken.

3. Zwiebelstücke in einer Pfanne mit Olivenöl glasig dünsten. Brokkoli, Kichererbsen und Karotten zugeben und kurz anrösten.

4. Mit dem Orangensaft ablöschen. Mit Garam Masala, Zimt und Kardamom würzen.

5. Circa 15 Minuten köcheln, bis alles gar ist, ggf. mit Salz und Chili abschmecken.

COOK

1. Koriander waschen und hacken.

2. Gemüse aufwärmen und den Großteil des Korianders unterrühren.

3. Parallel dazu den Reis mit der doppelten Menge Wasser und etwas Salz in einem Topf kochen.

4. Gemüse über den Reis geben, mit Sesam und Koriander dekorieren und servieren.

ZERO WASTE

Anstelle des Orangensafts kannst du auch andere Sorten von Säften verwenden.

Orientalische Paprika-Kohlrabi-Bulgurpfanne

SHOP

- 3 rote Paprika
- 2 Kohlrabi
- 1 Zwiebel
- 400 g Bulgur
- 5 EL Olivenöl
- 2 EL Ras El Hanout
- 1 TL Zimt
- 500 g Naturjoghurt
- 1 Knoblauchzehe
- 7 Zweige Petersilie
- 7 Zweige Minze
- 1 TL Chiliflocken
- Salz und Pfeffer

PREP

- 80 Minuten

COOK

- 10 Minuten

TYPE

- Perfekt vorbereitet

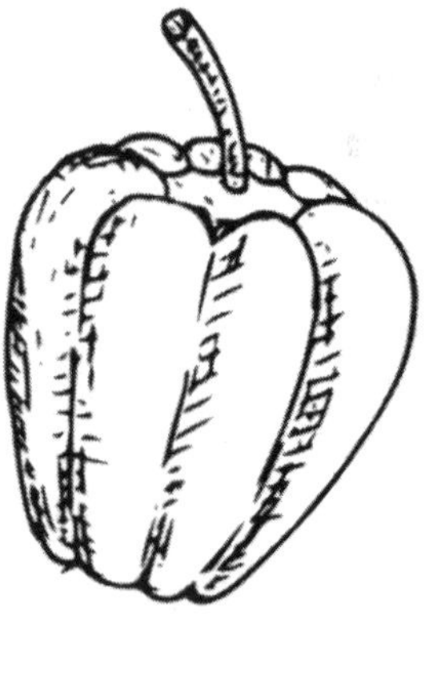

PREP

1. Ofen auf 180 °C Umluft vorheizen.

2. Zwiebel sowie Knoblauch schälen und hacken.

3. Paprika waschen und in Stücke schneiden, Kohlrabi schälen und würfeln.

4. Gemüse in eine Auflaufform geben und mit Olivenöl marinieren. Ras el Hanout, Knoblauch, Chili, Salz und Pfeffer zugeben und alles gut durchrühren.

5. Bulgur in die Auflaufform zugeben und die Menge Wasser auffüllen, die auf der Packung angegeben ist. Für eine Stunde in den Ofen schieben.

COOK

1. Minze sowie Petersilie waschen und kleinschneiden.

2. Minze mit dem Joghurt in einer Schüssel verrühren, 1 EL Olivenöl dazugeben und mit Salz und Pfeffer abschmecken. Mit Minzblättern und Chiliflakes dekorieren.

3. Petersilie über den Bulgur geben und grob untermischen, ggf. abschmecken.

4. Paprika-Kohlrabi-Bulgurpfanne entweder erwärmen oder kalt servieren. Joghurtsoße zum Gemüse-Bulgur genießen.

Spaghetti mit Sellerie in Safran-Ricotta-Soße

SHOP

- 1 Staudensellerie
- 3 Karotten
- 500 g Spaghetti
- 250 g Ricotta
- 1 Glas Weißwein
- 2 EL Olivenöl
- 3 Fäden Safran
- 4 Zweige Thymian
- Salz und Pfeffer

PREP

- 20 Minuten

COOK

- 15 Minuten

TYPE

- Perfekt vorbereitet

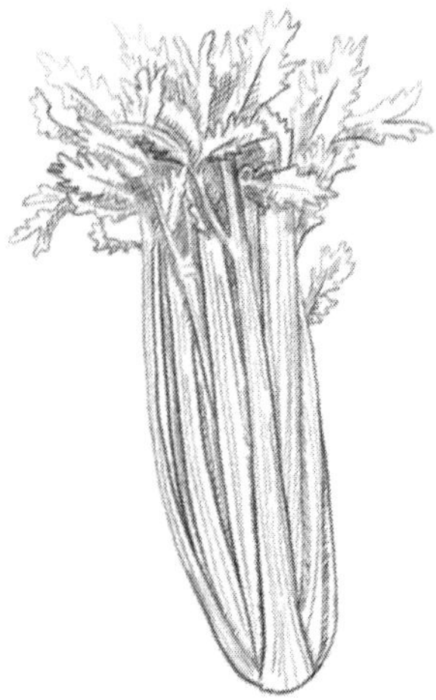

PREP

1. Sellerie waschen und Karotten schälen. Beides in mundgerechte Stücke schneiden.

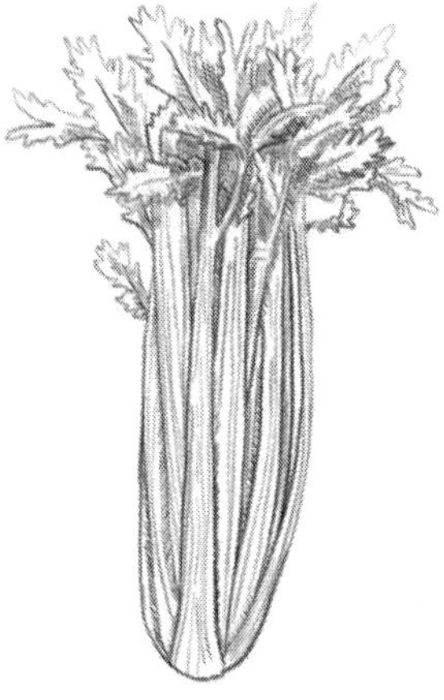

2. Das Gemüse in einer Pfanne mit Olivenöl anbraten, bis es bissfest ist.

3. Ricotta durch ein Sieb streichen und zum Gemüse geben. Zutaten gut umrühren.

4. Mit dem Weißwein auffüllen und ggf. mit Wasser ergänzen, bis eine cremige Soße entsteht.

5. Thymianzweige waschen und mit dem Safran zu dem Gemüse geben. Mit Salz und Pfeffer abschmecken. Etwas köcheln lassen, damit alles gut durchzieht.

COOK

1. Spaghetti in einem Topf mit gesalzenem Wasser al dente kochen.

2. Parallel dazu das Gemüse erwärmen und die Thymianzweige entfernen.

3. Die Spaghetti unter das Gemüse mischen.

ZERO WASTE

Das Gericht funktioniert auch mit Pastinaken. Statt Ricotta kannst du auch Quark oder Joghurt benutzen.

Gebratene Aubergine mit Datteln

SHOP

- 500 g Auberginen
- 250 g Johannisbeeren
- 1 Glas Kichererbsen
- 5 getrocknete Tomaten in Öl
- 9 Datteln
- 1 Orange
- 3 EL Olivenöl
- ½ TL Zimt
- 8 Zweige Petersilie
- Salz und Pfeffer

PREP

- 20 Minuten

COOK

- 15 Minuten

TYPE

- Perfekt vorbereitet

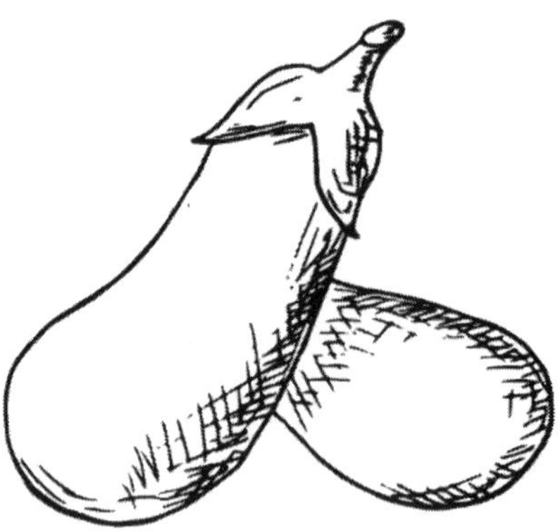

PREP

1. Die Auberginen waschen und längs in ca. 1 cm dicke Scheiben schneiden. Mit Salz bestreuen und ca. 15 Minuten entwässern lassen.

2. Orange abwaschen und 2 TL Schale abreiben. Anschließend auspressen und alles beiseitestellen.

3. Die getrockneten Tomaten in Streifen schneiden. Die Datteln entkernen und in Ringe schneiden.

4. Salz der Auberginen abtragen und trocken tupfen.

5. Auberginen dünn mit Olivenöl bepinseln und in einer Pfanne anbraten, bis sie braun und cremig-weich sind.

6. Dressing aus Olivenöl, Abrieb der Orangenschalen, Orangensaft und Zimt in einer Schüssel anrühren und mit Salz sowie Pfeffer abschmecken.

COOK

1. Kichererbsen abgießen und abspülen, mit den Tomaten und Datteln vermischen.

2. Auberginen auf eine Platte legen. Tomaten, Datteln und Kichererbsen auf den Auberginen verteilen und mit dem Dressing begießen.

3. Petersilie und Johannisbeeren waschen, Petersilie hacken, Beeren von Stielen entfernen und alles über dem Salat verteilen. Auf der Platte servieren und am Tisch auf Tellern anrichten.

Thai-Curry mit Brokkoli und Zuckerschoten

SHOP

- 250 g Zuckerschoten
- 300 g Brokkoliröschen
- 100 g Erbsen
- 1 Zwiebel
- 500 g Basmatireis
- 400 ml Kokosmilch
- 2 EL Olivenöl
- 1 TL Zitronensaft
- 2 Knoblauchzehen
- 2 TL grüne Currypaste
- ½ TL Kreuzkümmel
- 2 Kaffirblätter
- 8 Zweige Koriander
- 1 TL Chiliflocken
- 2 cm Ingwer

PREP

- 30 Minuten

COOK

- 15 Minuten

TYPE

- Perfekt vorbereitet

PREP

1. Zwiebel sowie Knoblauch schälen und hacken. Erbsen ausspulen, Brokkoli waschen und in Röschen trennen. Zuckerschoten waschen und die Enden abschneiden.

2. Knoblauch und Zwiebeln in einer Pfanne mit Olivenöl anbraten. Currypaste dazugeben und kurz rösten.

3. Mit Kokosmilch ablöschen. Kreuzkümmel, Kaffirblätter und Zitronensaft dazugeben, kurz aufkochen lassen.

4. Das restliche Gemüse zugeben und Flüssigkeit verdampfen lassen, bis das Gemüse gar und eine sämige Soße entstanden ist.

COOK

1. Den Reis mit der doppelten Menge Wasser und einer Prise Salz in einem Kochtopf garen.

2. Koriander waschen und hacken. Ingwer schälen und raspeln.

3. Gemüse aufwärmen, auf dem Reis anrichten und mit Koriander, geraspeltem Ingwer sowie Chiliflocken bestreuen und servieren.

ZERO WASTE

Das Gericht durch Bohnen oder Endivie ergänzen oder die Zuckerschoten ganz ersetzen.

Spargel und Blumen-kohlpüree mit Parmesan

SHOP

- 20 Stangen weißer Spargel
- 1 Blumenkohl
- 80 g Butter
- 120 ml Weißwein
- 1 EL Milch
- 160 g Parmesan
- 2 EL Olivenöl
- 1 Packung Kresse
- 1 TL brauner Zucker
- 1 Msp. Muskat
- Rosa Pfefferbeeren
- Salz und Pfeffer

PREP

- 50 Minuten

COOK

- 20 Minuten

TYPE

- Perfekt vorbereitet

PREP

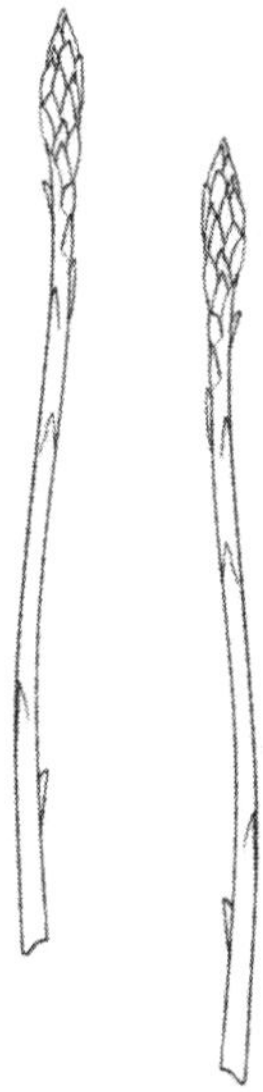

1. Backofen auf 180 °C Umluft vorheizen.

2. Spargel schälen und die Enden abschneiden.

3. Vier Bahnen Alufolie von ca. 30 cm Länge vorbereiten und je 5 Stangen Spargel mittig auflegen.

4. Spargel mit Salz, Pfeffer, Muskat und braunem Zucker würzen. Butter in dünne Streifen schneiden, auf die 4 Päckchen aufteilen und dazulegen.

5. Spargelpäckchen gut verschließen, auf ein Backblech geben und für 30 Minuten in den vorheizten Backofen schieben.

6. Blumenkohl waschen, in kleine Stücke schneiden und weichkochen. Mit Salz sowie Pfeffer würzen und pürieren. Ggf. etwas Milch zugeben, falls die Konsistenz zu dickflüssig ist.

COOK

1. Spargel in eine Auflaufform legen, Parmesan drüber raspeln und im Ofen aufwärmen.

2. Blumenkohlpüree abschmecken und auf einen Teller geben.

3. Spargel aus dem Ofen nehmen.

4. Blumenkohlpüree auf Tellern verteilen, je 5 Stangen Spargel auf dem Püree anrichten und mit Kresse sowie zerdrückten rosa Pfefferbeeren bestreuen. Dann servieren.

ZERO WASTE

Den Parmesan kannst du durch anderen Hartkäse oder den Käse deiner Wahl ersetzen, falls du gerne etwas anderes verbrauchen möchtest.

Tortilla mit Bohnen, Feta und Kapern-Dip

SHOP

- 1 kg Kartoffeln
- 250 g Bohnen
- 100 g getrocknete Tomaten
- 30 g eingelegte Kapern
- 200 g Fetakäse
- 6 Eier
- 150 ml Milch
- 8 EL Olivenöl
- 2 Knoblauchzehen
- 8 Zweige Petersilie
- 8 EL Olivenöl
- Salz und Pfeffer

PREP

- 60 Minuten

COOK

- 15 Minuten

TYPE

- Perfekt vorbereitet

PREP

1. Backofen auf 180 °C Umluft vorheizen.

2. Kartoffeln waschen und in kochendem Wasser für ca. 20 Minuten garen. Anschließend pellen und auskühlen lassen.

3. Bohnen putzen und Enden abschneiden. Getrocknete Tomaten in Streifen schneiden. Knoblauch schälen und fein hacken. Kartoffeln in Scheiben schneiden. Feta würfeln.

4. 4 EL Öl in einer Pfanne erhitzen und das Gemüse darin leicht braun anbraten. Mit Knoblauch, Salz und Pfeffer würzen. Feta zugeben und alles verrühren.

5. Eier, Milch, ½ TL Salz und Pfeffer in einer Schüssel verquirlen. Über die Gemüse-Mischung gießen. Alles in eine Springform füllen.

6. Für ca. 20 bis 30 Minuten in den vorgeheizten Ofen geben, bis die Tortilla in der Form gestockt ist und leicht braun wird.

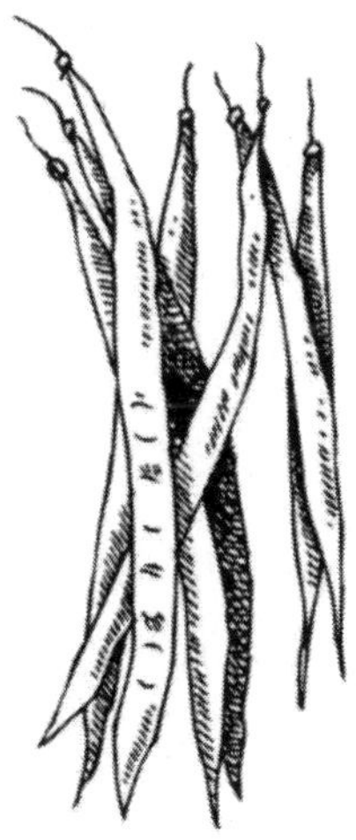

COOK

1. Tortilla im Ofen aufwärmen (alternativ kalt weiter zubereiten).

2. Petersilie waschen und mit den Kapern grob hacken. Mit 4 EL Öl in einer Schüssel verrühren. Mit Salz und Pfeffer würzen.

3. Tortilla aus dem Ofen nehmen und die Petersilien-Kapern darauf verteilen. Wie einen Kuchen in Stücke schneiden und servieren.

ZERO WASTE

Das Gemüse in der Tortilla kannst du durch das Gemüse deiner Wahl ersetzen.

Zehn-Minuten-Brot mit Radieschen-Butter

SHOP

- 200 g Weizenmehl
- 300 g Dinkelmehl
- 1 Packung Trockenhefe
- 2 EL Apfelessig
- 375 ml Wasser
- 1 TL Honig
- 10 EL Kerne und Samen
- 3 TL Salz
- 7 Radieschen
- 8 Zweige Petersilie
- 250 g weiche Butter
- 1 Zitrone (Abrieb)
- Salz und Pfeffer

PREP

- 10 Minuten
  (+ 60 Minuten)

COOK

- 0 Minuten

TYPE

- Perfekt vorbereitet

PREP

1. Alle Brotzutaten in einer Schüssel zu einem Teig verrühren.

2. Eine Kastenform einfetten und Teig einfüllen. Eine halbe Stunde ruhen lassen.

3. Die Form in den kalten Backofen stellen und auf 210 °C Umluft heizen, 1 Stunde backen.

4. Nach dem Backen Brot stürzen und auskühlen lassen.

5. Radieschen waschen und fein würfeln oder reiben. Petersilie waschen und mit Walnusskernen klein hacken. Zitrone heiß waschen und Schale abreiben.

6. Butter mit einem Löffel cremig rühren und Radieschen, Petersilie, Walnüsse sowie Zitronenschale untermischen. Mit Salz und Pfeffer abschmecken.

7. Butter in ein Glas füllen und kaltstellen.

ZERO WASTE

Unter den Brotteig kannst du gut übrig gebliebene Kräuter mischen sowie geraspelte alte Möhren oder Äpfel. Dadurch wird das Brot saftiger.

Regenbogen-Mangold-Curry

SHOP

- 800 g Regenbogen-Mangold
- 400 g Kirschtomaten
- 1 Gurke
- 1 Zwiebel
- 400 g Basmati-Reis
- 400 g Joghurt
- 6 EL Olivenöl
- 20 g Ingwer
- 1 Knoblauchzehe
- 1 EL Senfkörner
- 1 TL Chili
- 1 TL Cumin
- 1 TL Koriander
- 3 Kardamomkapseln
- 2 Bund Koriander
- Salz und Pfeffer

PREP

- 35 Minuten

COOK

- 15 Minuten

TYPE

- Perfekt vorbereitet

PREP

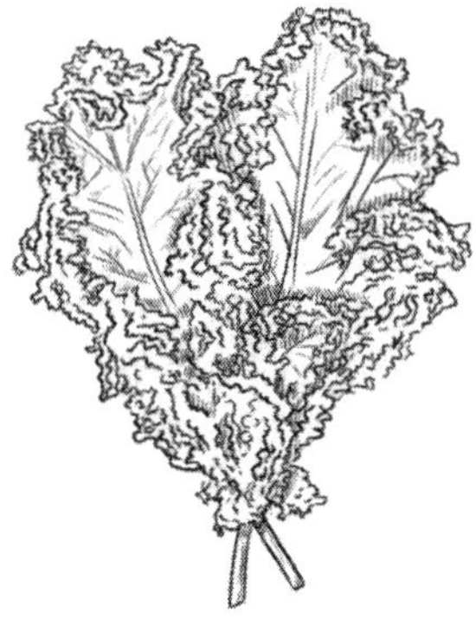

1. Mangold waschen und Blätter vom Strunk trennen. Strünke in dünne Scheiben und Blätter in Streifen schneiden.

2. Zwiebel, Ingwer und Knoblauch schälen und kleinhacken. Tomaten und Gurke waschen, Gurke raspeln.

3. Kardamomkapseln entkernen und die Kerne zu Pulver verarbeiten.

4. Öl in einer Pfanne erhitzen und Senfsamen zufügen. Sobald sie platzen, Zwiebeln zufügen und 10 Minuten dünsten, bis sie goldbraun und sehr weich sind.

5. Knoblauch, Ingwer, Tomaten und Mangold zu den Zwiebeln geben. Mit Wasser auffüllen, sodass alles bedeckt ist. Die restlichen Gewürze hinzufügen und für 10 Minuten köcheln lassen.

6. Joghurt mit den Gurken und dem Kardamom in einer Schüssel vermischen. Den entstandenen Gurken-Raita mit Salz und Pfeffer abschmecken.

COOK

1. Den Reis mit der doppelten Menge Wasser und einer Prise Salz in einem Kochtopf garen.

2. Gemüse erwärmen, mit dem Reis vermischen und mit dem Gurken-Raita toppen.

3. Den Reis auf Tellern anrichten, das Gemüse dazu geben und zusammen mit dem Gurken-Raita servieren.

Gurken - Gazpacho mit Thymian - Mirabellen

SHOP

- 2 Gurken
- 8 Mirabellen
- 2 EL Schmand
- 250 g Buttermilch
- 1 Zitrone
- 1 Bund Petersilie
- 1 Bund Schnittlauch
- 3 Zweige Basilikum
- 2 Zweige Thymian
- Salz und Pfeffer

PREP

- 20 Minuten

COOK

- 5 Minuten

TYPE

- Perfekt vorbereitet

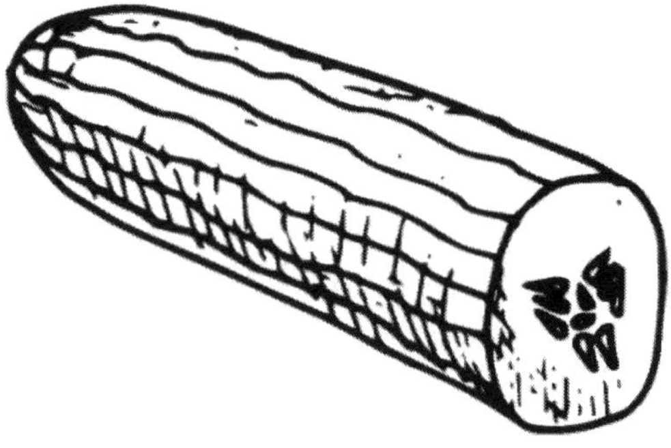

PREP

1. Gurken schälen, entkernen und in grobe Würfel schneiden. Zitrone auspressen. Kräuter waschen und hacken. Mirabellen waschen, entkernen und halbieren.

2. Gurkenstücke, Zitronensaft und ⅔ der Kräuter mit ⅔ des Schmands und der Buttermilch in den Mixer geben oder mit dem Pürierstab pürieren.

3. Mit Salz, Pfeffer und Zitronensaft abschmecken und kaltstellen.

4. Mirabellen entkernen, vierteln und in einer Schüssel mit Olivenöl, Salz und Thymian marinieren. Alles durchziehen lassen.

COOK

1. Gazpacho abschmecken und in Teller füllen.

2. Je eine Portion Mirabellen in der Mittel platzieren und mit einem Klecks Schmand und den restlichen Kräutern garnieren und servieren.

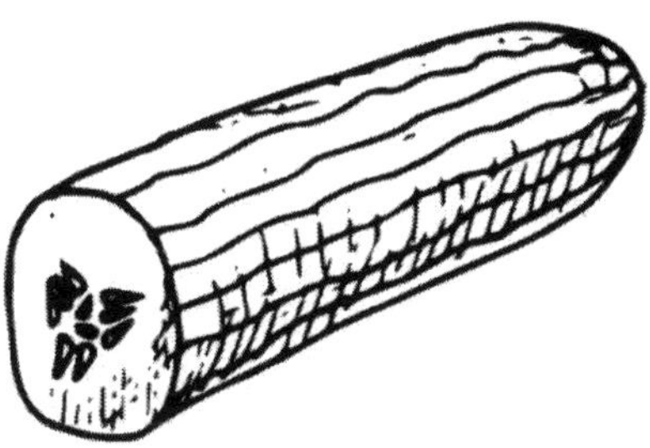

ZERO WASTE

Eine Gazpacho ist ein Zero-Waste-Wunder: Tomaten, Paprika, Zucchini, Aubergine – sämtliche Sommergemüse passen dazu und ergeben einen wunderbaren Geschmack.

Fenchel-Apfel-Gemüse mit Graupen

SHOP

- 4 Fenchelknollen
- 2 Äpfel
- 400 g Kirschtomaten
- 1 Zwiebel
- 250 g Graupen
- 600 ml Gemüsebrühe
- 4 EL Semmelbrösel
- 4 EL geriebener Parmesan
- 4 EL Olivenöl
- 1 Knoblauchzehe
- 1 TL Chiliflocken
- Salz und Pfeffer

PREP

- 15 Minuten
  (+ 45 Minuten)

COOK

- 10 Minuten

TYPE

- Perfekt vorbereitet

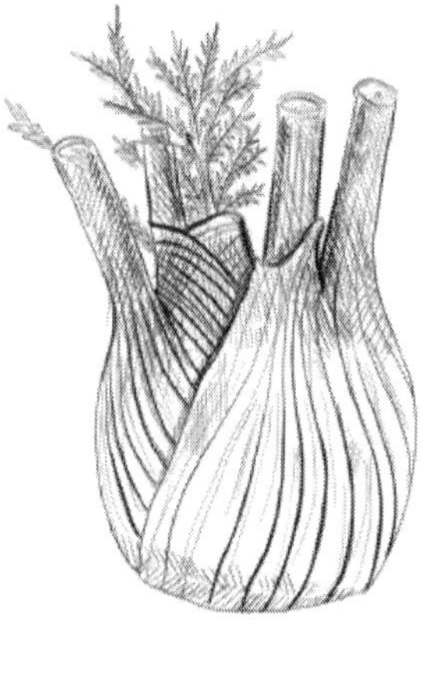

PREP

1. Ofen auf 180 °C vorheizen.

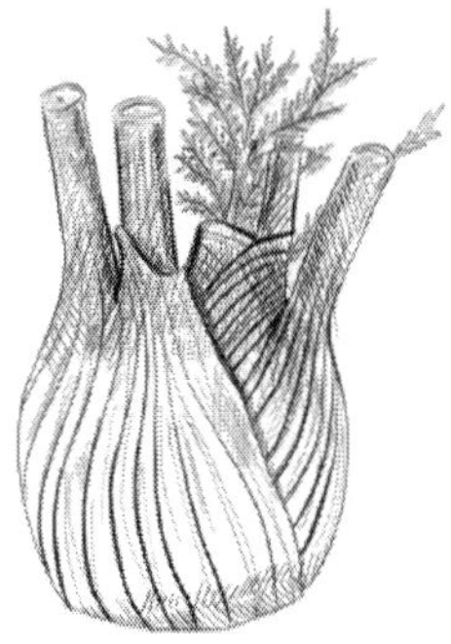

2. Grün von ein bis zwei Fenchelknollen abschneiden, waschen und fein hacken. Knollen waschen und der Länge nach in ca. 2 cm dicke Streifen schneiden.

3. Äpfel waschen, entkernen und in dünne Streifen schneiden. Knoblauch schälen und hacken. Kirschtomaten waschen und halbieren.

4. Fenchelstreifen in eine Auflaufform geben. Äpfel, Kirschtomaten und Graupen dazugeben und mit der Brühe sowie dem Olivenöl übergießen. Mit Salz, Pfeffer und Chili abschmecken und alles gut unterrühren.

5. Für ca. 45 Minuten in den Ofen geben. Die letzten 10 Minuten mit dem Parmesan und Semmelbröseln bestreuen und gratinieren lassen.

COOK

Gemüse aufwärmen und mit Fenchelgrün bestreuen und servieren.

ZERO WASTE

Zum Fenchel kannst du Karotten für das Gericht verwenden. Sie passen sehr gut zu dem Geschmack von Fenchel und eignen sich daher als Ersatz oder Ergänzung zu dem Gericht.

Tarte mit Rhabarber und Ziegenfrischkäse

SHOP

- 500 g Rhabarber
- 250 g Dinkelmehl
- 150 g Butter
- 3 Eier
- 1 Eigelb
- 500 g Ziegenfrischkäse
- 175 g Parmesan
- 2 Zweige Salbei
- 2 Zweige Basilikum
- 1 TL Chiliflocken
- 1 Sternanis
- 100 g Zucker
- Salz und Pfeffer

PREP

- 80 Minuten

COOK

- 0 Minuten

TYPE

- Perfekt vorbereitet

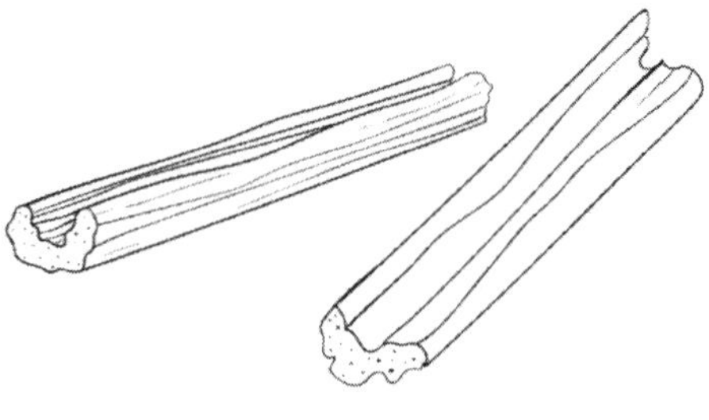

PREP

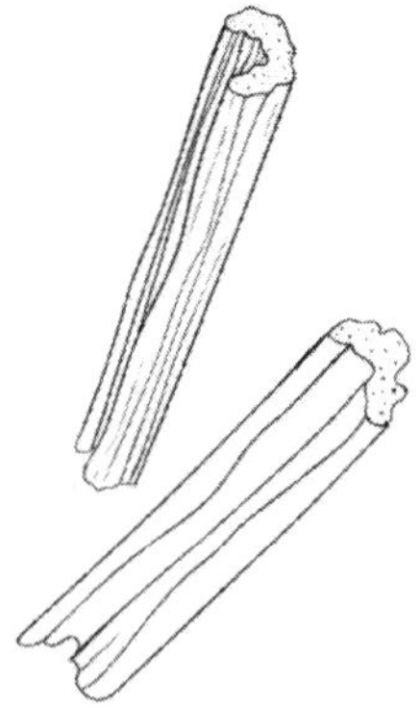

1. Ofen auf 180 °C Umluft vorheizen.

2. Rhabarber waschen und schälen. Dann schräg in ca. 2 cm lange Stücke schneiden. Salbei sowie Basilikum waschen und hacken.

3. Mehl, 75 g Parmesan, ½ TL Salz und gehackten Salbei in einer Schüssel mischen. Butter, Eigelb und 3 EL kaltes Wasser zugeben und zu einem weichen Teig kneten. Zur Kugel formen und 30 Minuten kaltstellen.

4. Ziegenkäse, Eier, Chiliflocken, ½ TL Salz und übrigen Parmesan in einer Schale verrühren.

5. Teig mit dem Nudelholz auf einer bemehlten Fläche ausrollen und in die gefettete Springform legen, so dass ein Rand entsteht. Den Boden mit der Gabel einstechen.

6. Frischkäsemasse auf den Boden geben und glattstreichen. Auf unterster Schiene 30 Minuten backen.

7. In der Zwischenzeit 200 ml Wasser mit 75 g Zucker und Sternanis in einem Topf erhitzen. Den Rhabarber darin 3 Minuten garen. Mit einer Schaumkelle herausnehmen und abtropfen lassen.

8. Tarte aus dem Ofen nehmen und mit dem Rhabarber belegen. Mit dem restlichen Zucker bestreuen und weitere 10 Minuten auf oberster Schiene backen.

9. Abkühlen lassen und mit dem Basilikum und ein paar Chiliflocken bestreuen. Wie einen Kuchen in Stücke schneiden und servieren.

Eichblattsalat mit Feigendressing

SHOP

- 1 Eichblattsalat
- 1 Staudensellerie
- 3 Karotten
- 3 Schalotten
- 100 g Feigen
- 100 g Mirabellen
- 200 g Bulgur
- 100 g Joghurt
- 4 EL Olivenöl
- 3 EL Apfelessig
- 1 Bund Petersilie
- 1 EL Boharat
- Salz und Pfeffer

PREP & COOK

- 35 Minuten

TYPE

- Schnell zubereitet

PREP

1. Hälfte der Feigen fein würfeln, andere Hälfte grob hacken. Mirabellen waschen, entkernen und ¾ halbieren, ¼ würfeln.

2. Schalotten schälen, in feine Ringe schneiden und für drei Minuten in einem Topf mit kochendem Wasser blanchieren.

3. Essig, Öl, Joghurt, Schalotten und fein gewürfelte Feigen in einer Schüssel zu einem Dressing verrühren. Mit Boharat, Salz und Pfeffer würzen.

4. Karotten und Sellerie schälen, längs halbieren und in schmale Scheiben schneiden. Salat waschen und zerkleinern.

5. Bulgur nach Packungsanweisung quellen lassen.

6. Petersilie waschen, hacken und mit den Karotten, halbierten Mirabellen, Sellerie und Bulgur in einer Schüssel vermischen.

7. Eichblattsalat unterheben und mit Dressing vermischen. Auf einer Platte anrichten.

8. Mit den grob gehackten Feigen, gewürfelten Mirabellen und ggf. Chiliflakes dekorieren und servieren.

ZERO WASTE

Das Besondere an dem Salat ist die Mischung aus süß und salzig. Das funktioniert auch mit anderen Obst- und Gemüsesorten, die du noch zu Hause hast. Beispielsweise eignen sich Datteln als Ersatz für die Feigen, Pfirsiche anstelle der Mirabellen und Kopfsalat statt Eichblattsalat.

Orecchiette in Zucchini-Zitronen-Feta-Soße

SHOP

- 4 Zucchini
- 250 g Fetakäse
- 4 getrocknete Tomaten
- 500 g Orecchiette
- 2 El Olivenöl
- 100 ml Zitronensaft
- 2 Zweige Rosmarin
- Salz und Pfeffer

PREP & COOK

- 35 Minuten

TYPE

- Schnell zubereitet

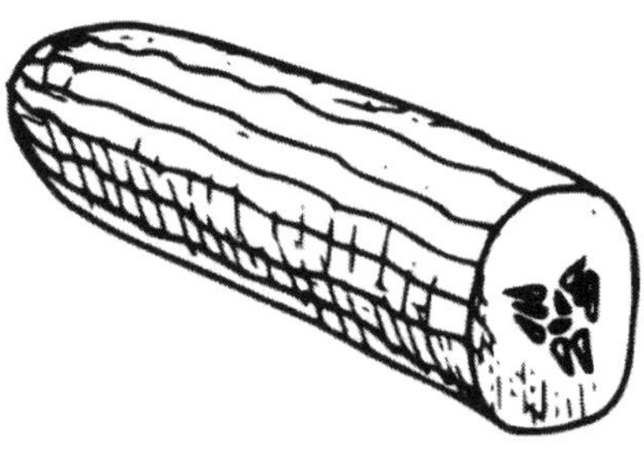

PREP & COOK

1. Rosmarin waschen, Nadeln abzupfen und hacken.

2. Zucchini waschen, in dünne Scheiben schneiden und in einer Schüssel mit Olivenöl, Rosmarin, Salz sowie Pfeffer marinieren.

3. Olivenöl in der Pfanne erhitzen und Zucchini darin für 5 Minuten anbraten. Mit Zitronensaft auffüllen und weich braten. Mit Salz und Pfeffer abschmecken.

4. Pasta in einem Topf mit gesalzenem Wasser al dente garen.

5. Feta würfeln. Tomaten waschen, Kerne entfernen und in kleine Stücke schneiden.

6. Feta zum Gemüse in die Pfanne geben und erwärmen, bis der Fetakäse leicht verläuft.

7. Pasta zur Zucchini-Feta-Mischung geben, vermengen, mit etwas Rosmarin und den getrockneten Tomaten dekorieren und servieren.

ZERO WASTE

Die Orecchiette kannst du in diesem Rezept durch jede andere Nudelsorte ersetzen. Anstelle des Fetas kannst du Ricotta verwenden. Solltest du von dem Zucchini-Gemüse noch Rest übrighaben, kannst du diese auch ohne Nudeln als Antipasti servieren.

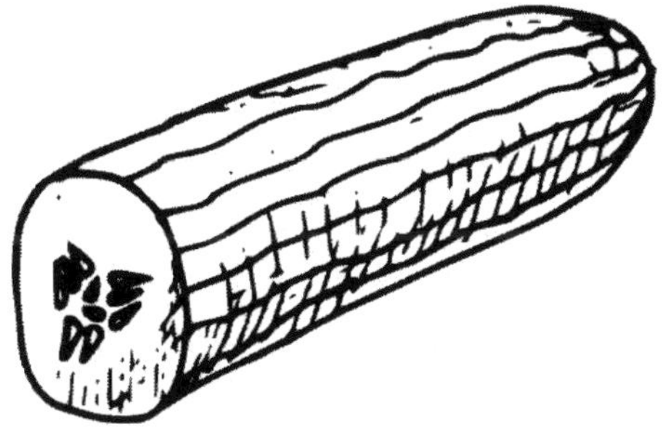

Brombeer-Joghurt-Puffer

SHOP

- 400 g Brombeeren
- 3 Eier
- 200 g Joghurt
- 100 ml Milch
- 100 g Mehl
- 50 g gemahlene Mandeln
- 5 TL Backpulver
- ½ TL Butter zum Backen pro Puffer
- 1 EL Zucker

PREP & COOK

- 30 Minuten (+ 30 Minuten)

TYPE

- Schnell zubereitet

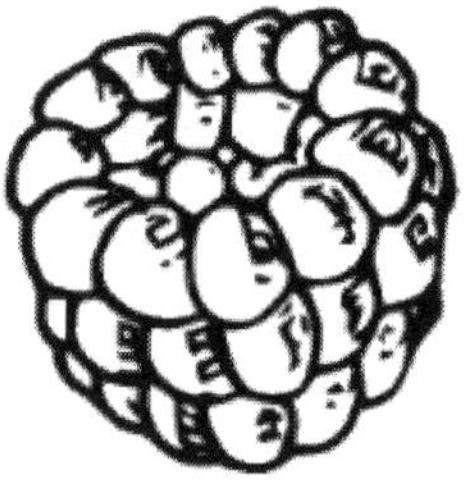

PREP & COOK

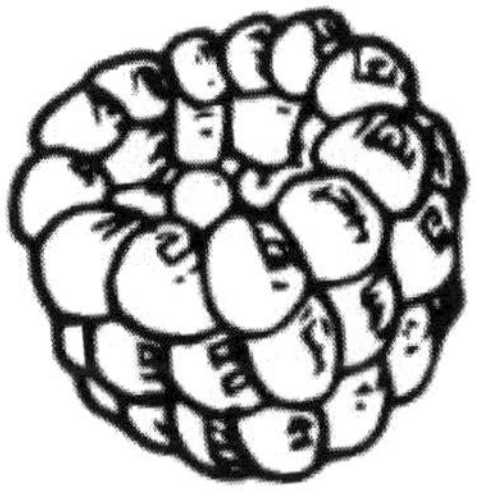

1. Eier trennen und Eiweiß in einer Schüssel schaumig schlagen, bis es sehr fest ist.

2. Joghurt, Milch, Mehl, Mandeln, Backpulver und Zucker mit den Eigelben mischen und verrühren, bis ein glatter Teig entstanden ist.

3. Eiweiß vorsichtig unterheben und den Teig eine halbe Stunde ruhen lassen.

4. Brombeeren waschen und unterheben.

5. Butter in der Pfanne erhitzen und jeweils 3 TL Teig zu einem Puffer ausbacken.

6. Puffer auf einer Platte anrichten und servieren.

ZERO WASTE

Die Früchte in diesem Rezept kannst du ganz nach deinem Geschmack ändern. Beispielsweise eignen sich Himbeeren, Heidelbeeren oder Erdbeeren dafür. Den Joghurt kannst du durch Quark ersetzen. Die Puffer kannst du gut in doppelter Menge machen und einfrieren.

Gebratener Gewürz-Blumenkohl

SHOP

- 1 Blumenkohl
- 250 g Kirschtomaten
- 4 Schalotten
- 400 g Bulgur
- 2 EL Zitronensaft
- 1 EL Butter
- 3 EL Olivenöl
- 8 Zweige Petersilie
- 1 Zehe Knoblauch
- 3 Lorbeerblätter
- 1½ TL Schwarzkümmel
- ½ TL Koriandersamen
- 1 TL Garam Masala
- Salz und Pfeffer

PREP & COOK

- 15 Minuten
  (+ 30 Minuten)

TYPE

- Schnell zubereitet

PREP & COOK

1. Backofen auf 180 °C Umluft vorheizen.

2. Blumenkohl waschen und in kleine Röschen teilen. Tomaten waschen und halbieren. Schalotten sowie Knoblauch schälen und halbieren.

3. Zutaten aus Schritt 2 in eine Auflaufform geben und die Lorbeerblätter dazulegen.

4. Kümmel und Koriander im Mörser zerstoßen.

5. Die zerstoßenen Gewürze mit Garam Masala, Zitronensaft und Olivenöl in einer Schüssel verrühren.

6. Gewürzöl über das Gemüse in der Auflaufform geben und marinieren.

7. Auflauf im Backofen für 30 Minuten goldbraun braten.

8. Bulgur nach Packungsanweisung quellen lassen. Petersilie waschen und hacken.

9. ¾ der Petersilie in einer Schüssel mit Bulgur und Butter mischen.

10. Blumenkohlröschen auf dem Bulgur anrichten, mit restlicher Petersilie dekorieren und servieren.

ZERO WASTE

Den Blumenkohl kannst du auch durch anderes Kohlgemüse oder Gemüse deiner Wahl ersetzen. Hier musst du eventuell die Garzeit im Backofen anpassen.

Französischer Erbsen-Salat mit Romanesco

SHOP

- 1 kg Erbsen (oder 400 g TK)
- 200 g Schalotten
- 1 Romanesco
- 2 TL Butter
- 100 ml Weißwein
- 1 Bund Petersilie
- 1 Bund Basilikum
- Salz und Pfeffer

PREP & COOK

- 40 Minuten

TYPE

- Schnell zubereitet

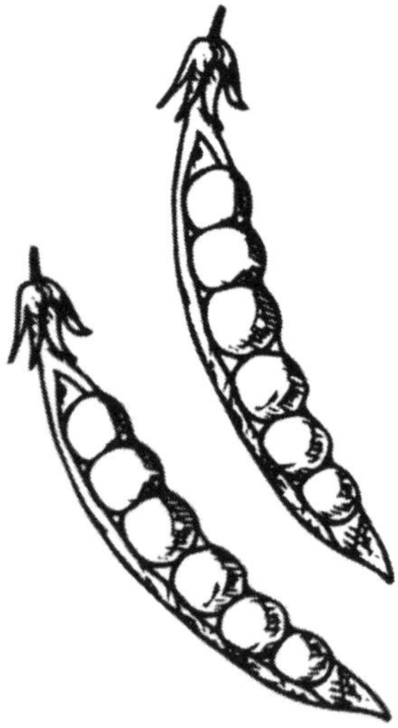

PREP & COOK

1. Erbsen aus den Schoten pulen (oder TK Erbsen auftauen lassen).

2. Schalotten schälen und je nach Größe ganz lassen oder halbieren.

3. Salat waschen und in Streifen schneiden.

4. In einem Topf 1 TL Butter erhitzen und Schalotten darin für 3 Minuten dünsten.

5. Erbsen zugeben, mit Wein ablöschen und mit Salz sowie Pfeffer würzen.

6. Mischung im Topf aufkochen lassen und bei mittlerer Hitze Flüssigkeit 5 Minuten verdampfen lassen.

7. Salat hinzufügen und bei mittlerer Hitze 2 Minuten mitgaren.

8. Kräuter waschen, grob hacken und etwas davon beiseitestellen.

9. ¾ der Kräuter, 1 TL Butter und den Schmand unter das Gemüse heben.

10. Den Salat auf einer Platte anrichten, mit den restlichen Kräutern bestreuen und servieren.

ZERO WASTE

Du hast alte Brotreste übrig? Toaste sie zweimal, schneide die Scheiben in kleine Stücke und reiche sie zum Salat.

Pastinaken mit Mandeln und Johannisbeeren

SHOP

- 10 Pastinaken
- 400 g Couscous
- 2 EL flüssiger Honig (oder Ahornsirup)
- 100 g ungeschälte Mandelkerne
- 4 EL Olivenöl
- 2 Zweige Rosmarin
- 2 zweige Petersilie
- 100 g Johannisbeeren
- Salz und Pfeffer

PREP & COOK

- 20 Minuten (+ 25 Minuten)

TYPE

- Schnell zubereitet

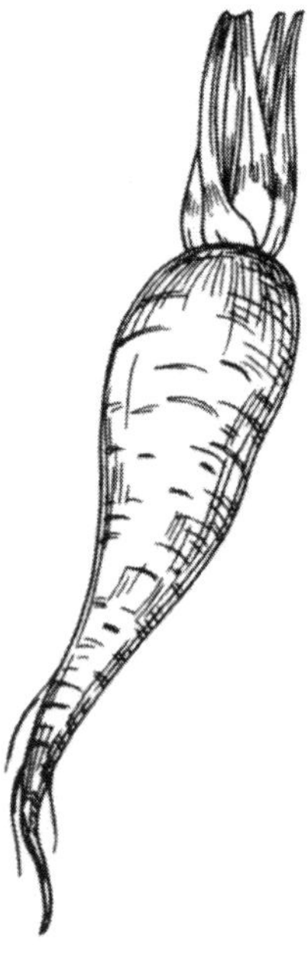

PREP & COOK

1. Backofen auf 180 °C Umluft vorheizen.

2. Pastinaken schälen und in mundgerechte Stücke schneiden.

3. Rosmarin waschen, Nadeln abzupfen und fein hacken. Mit Öl, Honig, Salz und Pfeffer in einer Schüssel zu einer Marinade verrühren.

4. Pastinaken in der Schüssel marinieren und auf ein Backblech oder in eine Auflaufform geben.

5. Im Backofen ca. 25 Minuten braten.

6. Couscous nach Packungsanweisung quellen lassen.

7. Mandeln hacken und nach ca. 20 Minuten Backzeit über die Pastinaken streuen und die letzten 5 Minuten im Ofen anbräunen lassen.

8. Petersilie waschen und hacken. Johannisbeeren von den Stielen zupfen, waschen und zusammen mit der Petersilie über die gebackenen Pastinaken streuen und alles miteinander vermischen.

9. Pastinaken auf dem Couscous anrichten und servieren.

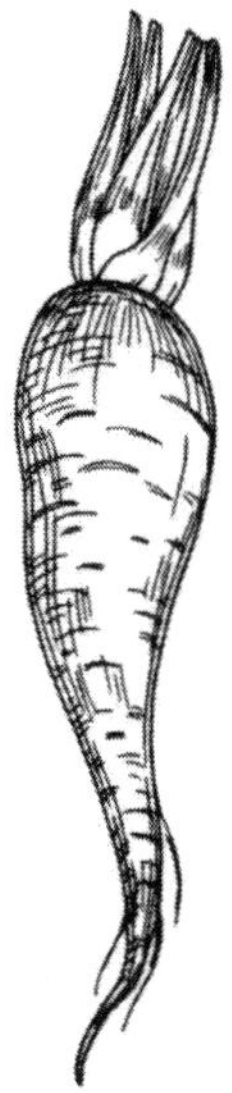

ZERO WASTE

Das Gericht funktioniert mit jeder Art von Rübe. Du kannst also einfach andere Sorten verwenden, um deine Reste aufzubrauchen.

Rucola-Dinkel-Salat mit Burrata und Beeren

SHOP

- 200 g Rucola
- 150 g Cocktailtomaten
- 200 g Himbeeren
- 200 g Brombeeren
- 100 g Dinkel
- 150 g Burrata
- 30 g Pinienkerne
- 3 EL Balsamico-Essig
- 4 EL Olivenöl
- 1 TL Senf
- 2 TL rote Marmelade
- Salz und Pfeffer

PREP & COOK

- 30 Minuten

TYPE

- Schnell zubereitet

PREP & COOK

1. Dinkel nach Packungsanweisung zubereiten und auskühlen lassen.

2. Rucola waschen und zerkleinern. Tomaten waschen und halbieren.

3. Pinienkerne in der Pfanne ohne Fett goldbraun rösten.

4. Aus Öl, Essig, Senf, Marmelade, Salz und Pfeffer in einer Schüssel ein Dressing herstellen.

5. Salat und Tomaten mit dem Dinkel in einer Schale vermischen, ¾ des Dressings über den Salat geben und gut unterrühren.

6. Beeren waschen und vorsichtig unterheben.

7. Burrata in der Mitte einer Servierplatte platzieren und den Salat darum herum anrichten. Restliches Dressing über die Burrata träufeln und servieren.

ZERO WASTE

Den Dinkel kannst du durch Couscous, Bulgur, Nackthafer, Reis, oder anderes ersetzen. Statt Rucola kann du auch zu Feldsalat greifen, oder andere Salatreste mischen und verwenden. Auch die Beeren können durch jede andere Sorte ersetzt oder beliebig gemischt werden, um Reste aufzubrauchen. Sehr gut zu den Beeren harmonieren auch Pfirsiche.

Spirelli mit Tomaten-Feta-Soße

SHOP

- 500 g Spirelli
- 800 g Kirschtomaten
- 300 g Fetakäse
- 4 TL flüssiger Honig
- ½ Zitrone
- 2 EL Olivenöl
- 2 Knoblauchzehen
- 1 Bund Basilikum
- 1 TL Oregano getrocknet
- Salz und Pfeffer

PREP & COOK

- 35 Minuten

TYPE

- Schnell zubereitet

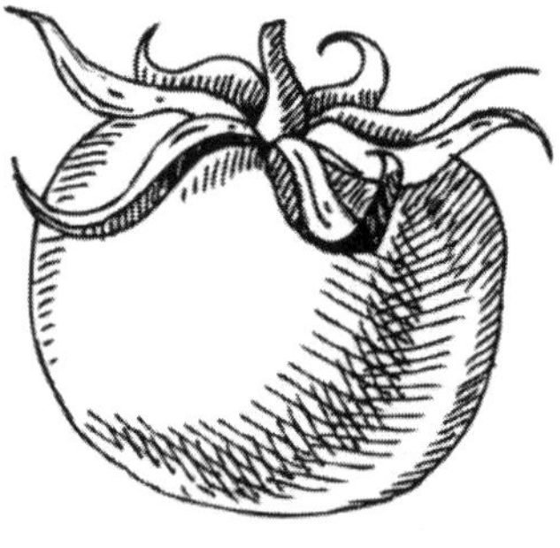

PREP & COOK

1. Backofen auf 200 °C Umluft vorheizen.

2. Tomaten waschen und gemeinsam mit dem Fetakäse in eine Auflaufform legen.

3. Knoblauch schälen, Basilikum kleinschneiden. Samt Oregano, Olivenöl und einer Prise Salz in die Auflaufform geben. Etwas Basilikum übriglassen.

4. Für ca. 20 Minuten backen, bis die Tomaten weich sind und der Feta verlaufen ist.

5. Währenddessen Nudeln in einem Topf mit gesalzenem Wasser al dente kochen. Zitrone über einer Schale auspressen.

6. Auflaufform aus dem Ofen nehmen und mit einer Gabel alles zerdrücken und vermengen. Mit Honig und Zitronensaft abschmecken.

7. Nudeln dazugeben, unterheben und mit dem Rest Basilikum dekorieren.

8. Auf Tellern servieren.

ZERO WASTE

Statt Feta funktioniert auch Mozzarella oder eine Mischung. Du kannst auch andere Kräuter verwenden: Rosmarin eignet sich z.B. wunderbar. So kommen alle Reste weg. Und die halbe Zitrone? Wird zum erfrischenden Sommerdrink. Einfach auspressen und mit Sprudelwasser auffüllen. Wer mag, süßt mit Honig und steckt zusätzlich einen Zweig Thymian, Rosmarin oder Minze dazu.

Herbst

Honig-Balsamico-Pilze mit Polenta-Brot

SHOP

- 1 kg Champignons
- 250 g Minuten-Polenta
- 4 Knoblauchzehen
- 150 ml Balsamico-Essig
- 2 EL Honig
- 3 EL Olivenöl
- 1 EL rosa Pfefferbeeren
- 8 Zweige Petersilie
- Salz und Pfeffer

PREP

- 30 Minuten

COOK

- 20 Minuten

TYPE

- Perfekt vorbereitet

PREP

1. Pilze putzen und die großen halbieren.

2. 1 EL Olivenöl in einer Pfanne erhitzen und die Pilze hinzufügen. Mit Salz sowie Pfeffer würzen und 3 Minuten darin schwenken.

3. Knoblauch schälen, hacken und mit Balsamico und Honig in einer Schüssel verrühren.

4. Die Knoblauch-Soße zu den Pilzen geben und die Flüssigkeit verdampfen lassen. Auf niedriger Stufe köcheln, bis die Pilze weich sind.

5. Parallel dazu Polenta nach Packungsanweisung kochen. Mit Salz und Pfeffer würzen.

6. Gekochte Polenta zu einem Laib formen und auskühlen lassen.

COOK

1. Polentabrot in Scheiben schneiden und in der Pfanne in 2 EL Olivenöl goldbraun anrösten.

2. Petersilie waschen und hacken.

3. Pilze erwärmen und die Petersilie frisch unterrühren.

4. Zwei Scheiben Polentabrot auf einem Teller anrichten, daneben die Pilze platzieren. Mit Oregano dekorieren und servieren.

ZERO WASTE

In der Polenta kannst du übrig gebliebene Gemüsereste verarbeiten, die du einfach kleinschneidest und unterhebst.

Schupfnudeln mit Chinakohl und Tomaten

SHOP

- 1 Chinakohlkopf
- 1 Packung Schupfnudeln aus dem Kühlregal
- 10 getrocknete Tomaten in Öl
- 1 Tasse Gemüsebrühe
- 100 g Feta
- 2 EL Olivenöl
- 1 EL Senfkörner
- 1 Bund Thymian
- 3 Zweige Rosmarin
- Salz und Pfeffer

PREP

- 30 Minuten

COOK

- 15 Minuten

TYPE

- Perfekt vorbereitet

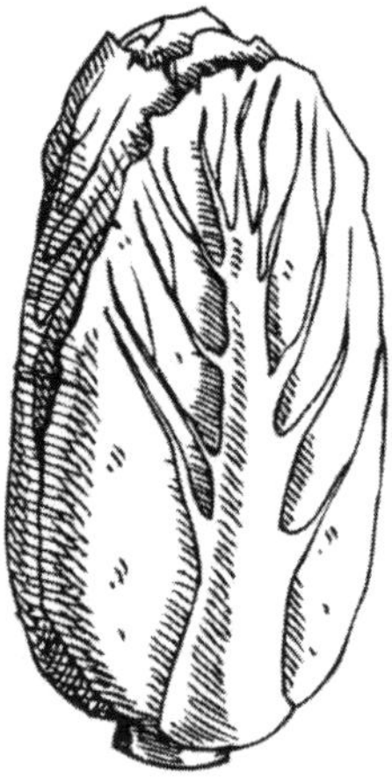

PREP

1. Kohl putzen und in feine Streifen schneiden. Rosmarin und Thymian waschen, Blätter abzupfen und zerkleinern.

2. Olivenöl in einer tiefen Pfanne erhitzen und den Kohl darin braten, bis er zusammenfällt.

3. Mit Gemüsebrühe auffüllen und Senfkörner, Rosmarin und Thymian dazugeben. 15 bis 20 Minuten köcheln lassen, bis der Kohl weich ist.

COOK

1. Schupfnudeln in Olivenöl goldbraun anbraten.

2. Die getrockneten Tomaten in Streifen schneiden und den Feta zerbröseln.

3. Parallel dazu Kohl erwärmen und den Feta mitschmelzen lassen. Etwas Feta für die Deko aufbewahren.

4. Sobald die Schupfnudeln fertig sind, getrocknete Tomaten in den Kohl mischen. Zum Abschluss die Schupfnudeln unterheben, auf Tellern anrichten und servieren.

ZERO WASTE

Statt Chinakohl kannst du auch Weiß- oder Spitzkohl sowie Endivie verwenden.

Pastinaken mit Bulgur, Maronen und Paprika

SHOP

- 8 Pastinaken
- 3 rote Paprika
- 250 g vorgegarte Maronen
- 300 g Bulgur
- Reste von altem Brot
- 4 EL Olivenöl
- 1 Bund Petersilie
- Salz und Pfeffer

PREP

- 10 Minuten
  (+ 40 Minuten)

COOK

- 10 Minuten

TYPE

- Perfekt vorbereitet

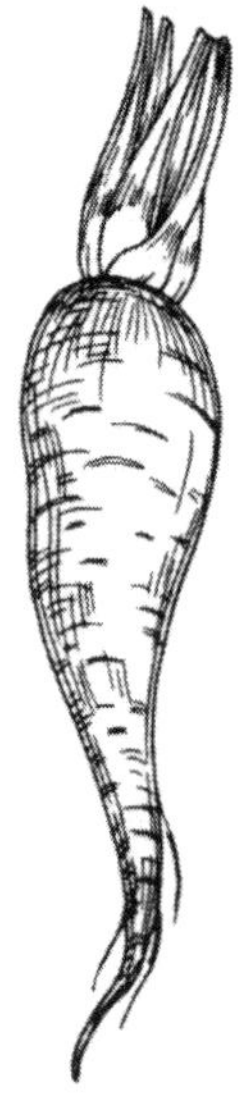

PREP

1. Ofen auf 180 °C Umluft vorheizen.

2. Pastinaken sowie Paprika waschen und in mundgerechte Stücke schneiden. Maronen grob vierteln, Petersilie waschen und hacken.

3. Alle Zutaten aus Schritt 2 in eine Auflaufform packen, dabei etwas Petersilie übriglassen. 2 EL Olivenöl zugeben und mit Salz sowie Pfeffer würzen.

4. Bulgur unterheben und mit so viel Wasser auffüllen, wie auf der Packungsanweisung des Bulgurs angegeben ist.

5. Für ca. 40 Minuten in den Ofen geben.

COOK

1. Gemüse-Bulgur erwärmen.

2. Parallel dazu Brot würfeln und in 2 EL Olivenöl kross brutzeln. Mit Meersalzflocken würzen.

3. Brot über das Gemüse geben und mit Petersilie dekorieren. Auf Tellern anrichten und servieren.

ZERO WASTE

Das Gemüse in diesem Gericht kannst du durch jede Sorte ersetzen, die du noch übrighast.

Penne in Kürbis-Zimt-Maronen-Soße

SHOP

- 350 g Hokkaido-Kürbis
- 500 g Penne
- 25 g Butter
- 1 Zwiebel
- 250 ml Sahne
- 1 EL Honig
- 40 g Parmesan
- 2 Knoblauchzehen
- 1 gehäufter TL Zimt
- 10 Zweige Schnittlauch

PREP

- 35 Minuten

COOK

- 15 Minuten

TYPE

- Perfekt vorbereitet

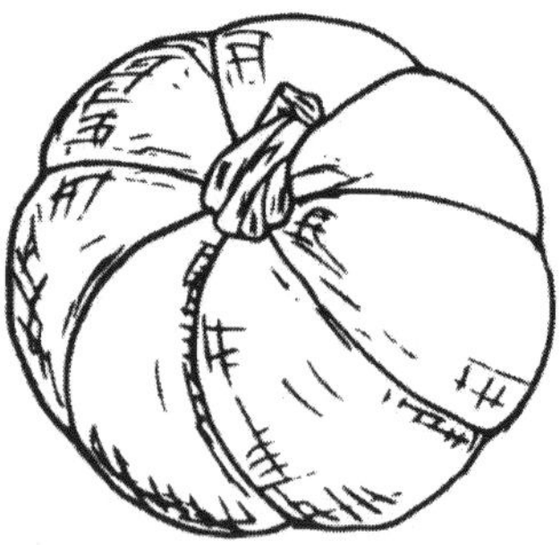

PREP

1. Kürbis entkernen und in Würfel schneiden. In kochendem Wasser für ca. 20 Minuten bissfest garen.

2. Zwiebel schälen sowie hacken und in einer Pfanne mit Butter goldbraun dünsten. Knoblauch und Zimt beigeben und 1 Minute mitbraten.

3. Mit Sahne ablöschen und den Kürbis unterheben. Mit Honig, Salz und Pfeffer würzen. Für ca. 8 Minuten eindicken lassen.

COOK

1. Nudeln in einem Topf mit gesalzenem Wasser al dente kochen.

2. Die Kürbis-Soße erwärmen, über die Nudeln geben und Parmesan darüber streuen.

3. Schnittlauch waschen, in Röllchen schneiden und vor dem Servieren über dem Gericht verteilen.

ZERO WASTE

Die Maronen kannst du durch Nüsse ersetzen, die Sahne durch Ricotta- oder Quarkreste.

Fenchel - Risotto mit Orangenfilets

SHOP

- 300 g Risottoreis
- 200 g Fenchel
- 50 g Rosinen
- 40 g Walnüsse
- 3 süße Orangen
- 1 l Gemüsebrühe
- 200 ml Hafersahne
- 150 ml Weißwein
- 3 EL Olivenöl
- 2 EL Ahornsirup
- 1 EL Mandelmus
- 8 Zweige Petersilie
- Meersalzflocken und Pfeffer

PREP

- 50 Minuten

COOK

- 10 Minuten

TYPE

- Perfekt vorbereitet

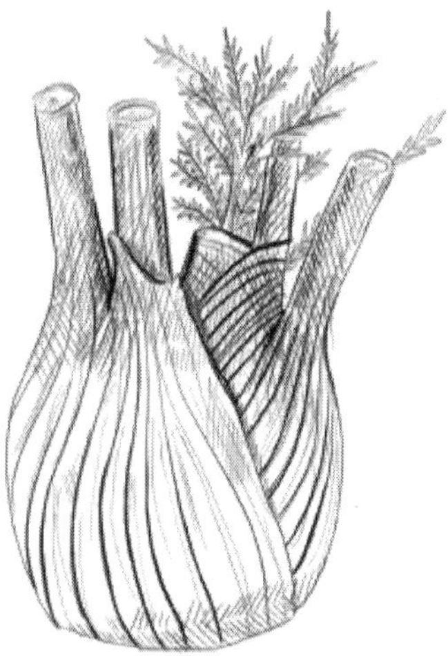

PREP

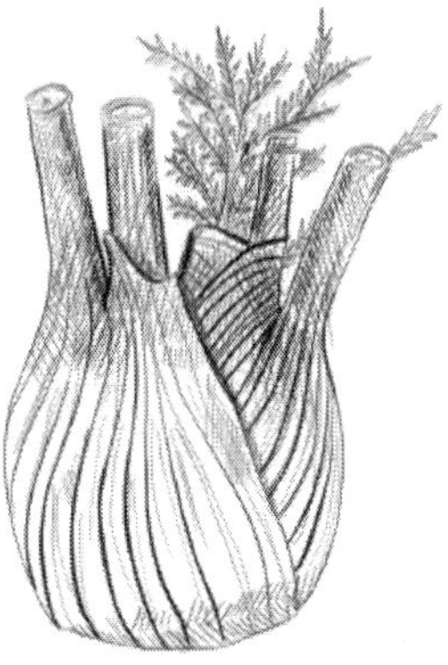

1. 1 EL Olivenöl in einer tiefen Pfanne oder einem Topf erhitzen und den Reis kurz andünsten.

2. Parallel dazu Gemüsebrühe in einem Topf erhitzen und den Reis damit ablöschen, sodass der Reis knapp bedeckt ist. Weißwein zufügen.

3. Den Reis für 15 Minuten unter Rühren weichkochen.

4. Sobald die Flüssigkeit eingekocht ist, wieder mit Gemüsebrühe auffüllen und die Flüssigkeit langsam verdampfen lassen. Während des gesamten Kochens wiederholen, damit der Reis die typische weiche und breiige Konsistenz erhält.

5. Fenchel waschen und in mundgerechte Stücke schneiden, 2 Orangen schälen und filetieren, 1 Orange auspressen.

6. Restliches Olivenöl in einer Pfanne erhitzen und Fenchel darin anbraten, bis er goldbraun ist. Mit Sahne und Orangensaft ablöschen und aufkochen.

7. Rosinen und Ahornsirup zugeben, mit Salz sowie Pfeffer würzen und vom Herd nehmen.

8. Die Fenchelmischung zum gegarten Reis geben und ein letztes Mal für ca. 10 Minuten köcheln lassen, damit sich alles verbindet.

COOK

1. Fenchel-Reis aufwärmen, Mandelmus einrühren und Orangenfilets unterheben.

2. Petersilie waschen, klein hacken und Risotto damit bestreuen. Mit den übrigen Orangenfilets dekorieren und servieren.

Kreolisches Karotten-Jambalaya

SHOP

- 4 Karotten
- 2 Selleriestangen
- 1 große rote Paprika
- 3 Frühlingszwiebeln
- 400 g stückige Tomaten aus der Dose
- 400 g rote Bohnen aus dem Glas
- 300 g Buchweizen
- 500 ml Gemüsebrühe
- 150 ml Weißwein
- 2 El Olivenöl
- 2 Knoblauchzehen
- 1 TL Oregano und Thymian
- ½ TL Cayenne Pfeffer
- 8 Zweige Petersilie
- Salz und Pfeffer

PREP

- 50 Minuten

COOK

- 15 Minuten

TYPE

- Perfekt vorbereitet

PREP

1. Karotten, Paprika und Sellerie putzen und in mundgerechte Stücke schneiden.

2. Zwiebeln sowie Knoblauch schälen und klein hacken.

3. Olivenöl in einer Pfanne erhitzen und Karotten, Paprika sowie Sellerie darin ca. 5 Minuten anbraten.

4. Knoblauch sowie Zwiebeln zugeben und alles für drei Minuten weich dünsten.

5. Mit Wein und Brühe ablöschen und den Buchweizen zugeben. Stückige Tomaten unterrühren, zum Kochen bringen und zugedeckt köcheln lassen, bis alles gar ist.

COOK

1. Bohnen unter das Jambalaya aus dem PREP-Schritt unterrühren und zugedeckt kochen, bis alles erwärmt ist.

2. Petersilie waschen, klein hacken und ⅔ davon einrühren.

3. Mit Salz sowie Pfeffer abschmecken, mit Petersilie garnieren und servieren.

Rosenkohl in Frischkäse-Senf-Soße

SHOP

- 1 kg Rosenkohl
- 2 Schalotten
- 400 ml Gemüsebrühe
- 300 g Frischkäse
- 1 EL körniger Senf
- 2 EL Butter
- 1 Packung Kresse
- 2 EL Zitronensaft
- Salz und Pfeffer

PREP

- 20 Minuten

COOK

- 10 Minuten

TYPE

- Perfekt vorbereitet

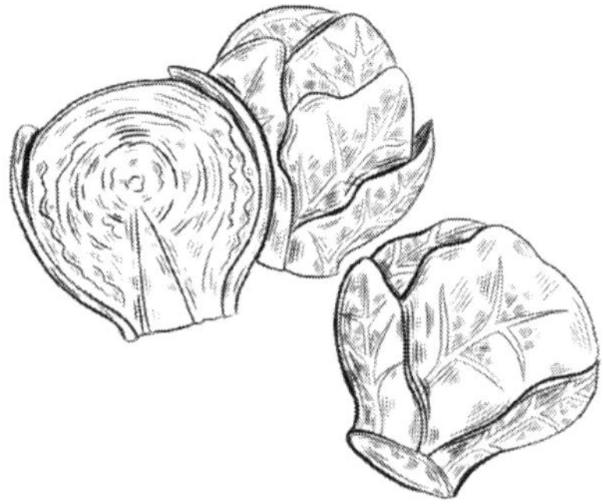

PREP

1. Rosenkohl waschen, harte Stellen abschneiden und die großen Röschen halbieren.

2. In einem Topf mit gesalzenem Wasser 10 bis 12 Minuten bissfest garen.

3. Für die Soße die Brühe in einem Topf erwärmen, Frischkäse sowie Senf zugeben und aufkochen. Flüssigkeit verdampfen lassen. Mit Zitronensaft, Salz und Pfeffer abschmecken.

COOK

1. Schalotten schälen und in Ringe schneiden.

2. In einer Pfanne mit Butter glasig dünsten, den Rosenkohl zugeben und goldbraun anbraten.

3. Alle Zutaten mit der Soße mischen, mit Kresse dekorieren und servieren.

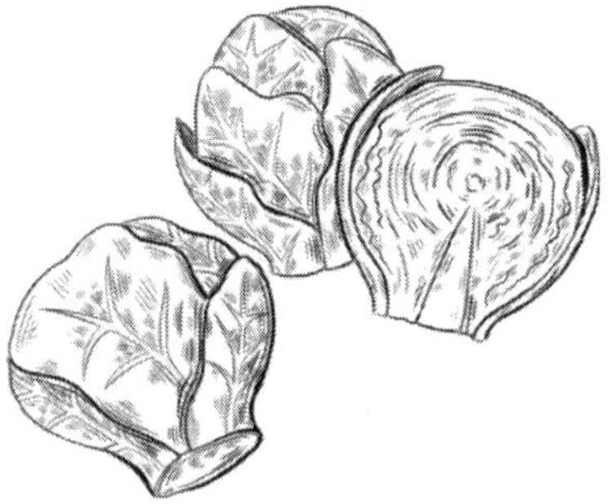

ZERO WASTE

Anstelle der Schalotten kannst du auch Zwiebeln verwenden. Der Frischkäse lässt sich durch Ricotta oder Feta ersetzen.

Kohlrabi-Mango-Curry mit Mandelreis

SHOP

- 2 Kohlrabis
- 1 Mango
- 1 Schalotte
- 400 g Tofu
- 400 ml Kokosmilch
- 250 g Bruchreis
- 2 EL Butter
- 50 g gemahlene Mandeln
- 2 cm Ingwer
- 2 TL mildes Currypulver
- ½ TL Kurkuma
- Salz und Pfeffer

PREP

- 25 Minuten

COOK

- 15 Minuten

TYPE

- Perfekt vorbereitet

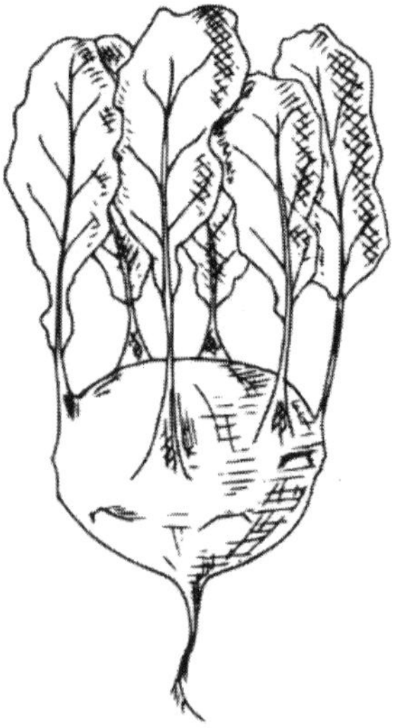

PREP

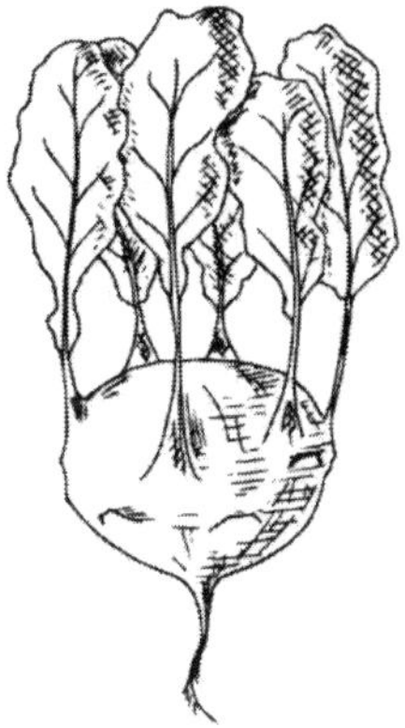

1. Ingwer sowie Schalotte schälen und hacken.

2. Kohlrabis putzen, zarte Blätter beiseitelegen.

3. Mango sowie Kohlrabis schälen und in Würfel schneiden. Kohlrabigrün waschen und in feine Streifen schneiden.

4. Tofu auspressen und würfeln.

5. Ingwer und Schalotten in einer Pfanne mit 1 EL Butter anschwitzen. Kohlrabiwürfel zugeben und 5 Minuten dünsten.

6. Kokosmilch eingießen, mit Curry, Salz und Pfeffer würzen und 10 Minuten köcheln lassen.

7. Mango und Tofu zugeben und 5 Minuten garen.

COOK

1. Gemüse-Tofumischung erwärmen.

2. Reis mit der doppelten Menge Wasser kochen.

3. Mandeln ohne Fett in einer Pfanne goldbraun rösten.

4. Die Hälfte der Mandeln unter den Reis mischen.

5. Curry mit dem Reis anrichten, mit den restlichen Mandeln sowie dem Kohlrabigrün garnieren und servieren.

Birnen-Galette mit Ziegenkäse und Rosinen

SHOP

- 2 Birnen
- 1 dicke Scheibe Ziegenbrie
- 2 Eier
- 150 g Weizen-Vollkorn-Mehl
- 100 g Butter
- 250 g Quark
- 100 g Schmand
- 2 EL Zitronensaft
- 60 g Kokosblütenzucker
- 50 g gemahlene Mandeln
- 50 g Rosinen
- 2 EL flüssiger Honig
- Salz und Pfeffer

PREP

- 20 Minuten
  (+ 30 Minuten)
  (+ 45 Minuten)

COOK

- 0 Minuten

TYPE

- Perfekt vorbereitet

PREP

1. Den Ofen auf 200 °C Umluft vorheizen.

2. Das Mehl mit den Mandeln, dem Salz, Zucker, dem Ei und der Butter mit den Händen einen weichen Teig kneten. Zu einer Kugel formen und 30 Minuten kaltstellen.

3. Birnen waschen und halbieren. Kerne entfernen und in dünne Scheiben schneiden. In eine Schüssel geben und den Zitronensaft sowie die Rosinen untermengen.

4. Quark mit dem Schmand in einer Schüssel vermischen und mit Salz sowie Pfeffer würzen.

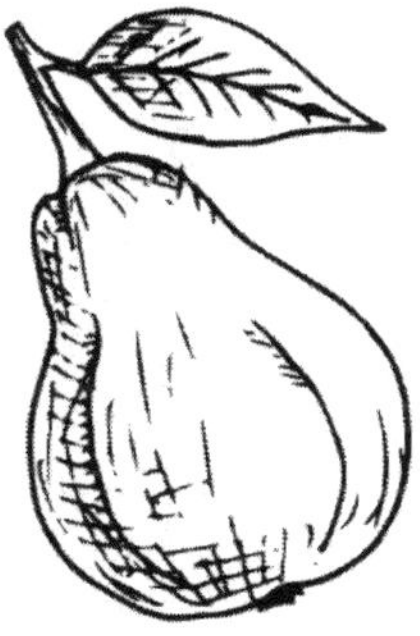

5. Teig ausrollen und mit dem Schmand-Quark bestreichen. 3 cm Rand freilassen.

6. Birnen darauf fächerförmig verteilen.

7. Käse in kleine Stücke rupfen und drüberstreuen.

8. Honig über alles laufen lassen.

9. Rand über den Belag schlagen und alles für ca. 45 Minuten backen. Etwas auskühlen lassen. Dann in Kuchenstücke schneiden und servieren.

ZERO WASTE

Als Ergänzung für den Belag eignen sich Zucchini oder Karotten. Die Galetten kannst du mehrere Tage aufbewahren und auch kalt essen.

Gurken-Salat mit Erdnüssen

SHOP

- 2 Salatgurken
- 2 Frühlingszwiebeln
- 1 rote Paprika
- 50 g geröstete Erdnüsse
- 2 TL Sojasoße
- 3 TL Apfelessig
- 3 EL Olivenöl
- 2 cm Ingwer
- 1 EL Kokosblütenzucker
- 1 Knoblauchzehe
- 1 Bund Koriander
- 1 TL Chiliflakes
- Salz und Pfeffer

PREP & COOK

- 30 Minuten
  (+ 60 Minuten)

TYPE

- Schnell zubereitet

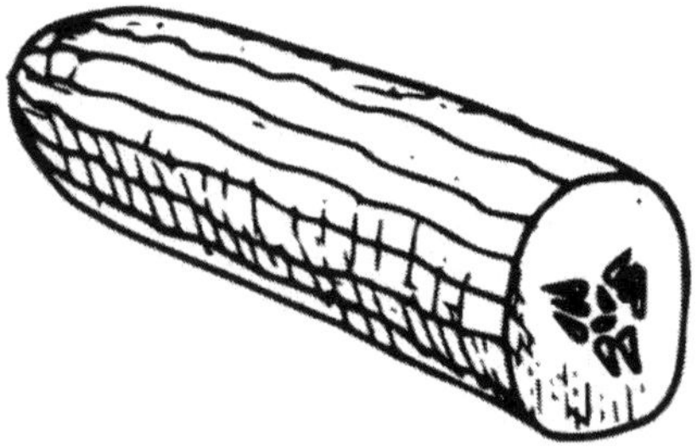

PREP

1. Gurken waschen und mit dem Sparschäler in Streifen schneiden (Schale darf mitverwendet werden).

2. Paprika waschen und in kleine Stücke schneiden. Frühlingszwiebeln waschen und in feine Ringe schneiden. Knoblauch schälen und hacken. Ingwer schälen und raspeln.

3. Öl, Essig und Sojasoße in einer Schüssel miteinander aufschlagen. Mit Salz, Pfeffer, Chiliflakes, Knoblauch, Ingwer und Kokosblütenzucker würzen.

4. Salatsoße über die Gurken und Paprika geben. Bestenfalls eine Stunde durchziehen lassen.

5. Koriander waschen, hacken und unter den Salat heben.

6. Erdnüsse in der Pfanne ohne Fett goldbraun rösten und den Salat damit garnieren. In einer Salatschüssel servieren.

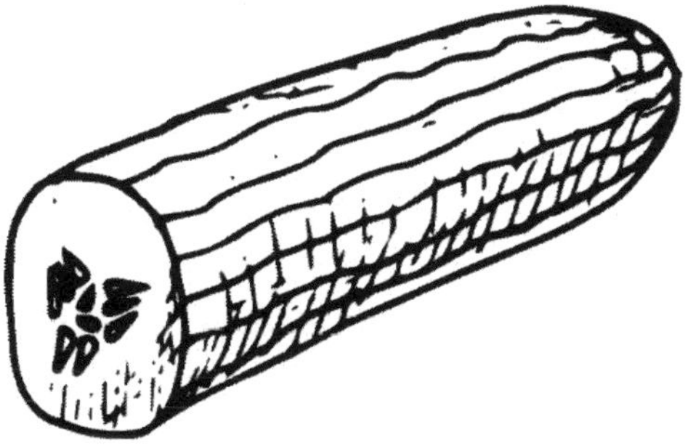

ZERO WASTE

Zu dem asiatischen Salat passt auch eine fruchtige Note, die du mit Obst deiner Wahl ergänzen kannst. So kannst du Obstreste aufbrauchen.

Makkaroni mit Apfel-Mus und Bergkäse

SHOP

- 600 g Boskop-Äpfel
- 400 g festkochende Kartoffeln
- 2 Zwiebeln
- 250 g Makkaroni
- 1 l Apfelsaft
- 500 ml Gemüsebrühe
- 200 ml Sahne
- 250 g Bergkäse
- 1 EL Butter
- 1 Zimtstange
- 1 EL Mehl
- 1 Msp. Muskat
- Salz und Pfeffer

PREP & COOK

- 40 Minuten

TYPE

- Schnell zubereitet

PREP & COOK

1. Für das Apfelmus die Äpfel schälen, Kerngehäuse entfernen und in Stücke schneiden.

2. Apfelstücke mit Apfelsaft und Zimt in einen Topf geben und für ca. 10 Minuten weichkochen.

3. Zimtstange entfernen und Apfelmasse pürieren. Abkühlen lassen.

4. Kartoffeln schälen und in kleine Würfel schneiden.

5. Gemüsebrühe mit der Sahne in einem Topf zum Kochen bringen. Kartoffelwürfel zugeben und alles 5 Minuten köcheln lassen.

6. Makkaroni zu den Kartoffeln geben und so lange köcheln, bis sie al dente und die Kartoffeln durch sind.

7. Zwiebel schälen und in Ringe schneiden, Käse reiben.

8. Zwiebelringe in Mehl wenden und in einer Pfanne mit Butter goldbraun anrösten.

9. Nudeln und Kartoffeln abgießen und mit dem Käse mischen. Ziehen lassen, bis der Käse geschmolzen ist.

10. Mit Salz, Pfeffer sowie Muskat abschmecken und auf dem Teller anrichten.

11. Die Zwiebeln darüber dekorieren und alles zusammen mit dem Apfelmus servieren.

Auberginen - Auflauf
Parmigiana di Melanzane

SHOP

- 500 g Aubergine
- 1 Zwiebel
- 1 Ei
- 200 g Mozzarella
- 30 g Parmesan
- 800 g Passata
- 1 EL Mehl
- 4 EL Olivenöl
- 2 Knoblauchzehen
- 1 TL Zucker
- 1 TL getrockneter Oregano
- 1 Bund Basilikum
- Salz und Pfeffer

PREP & COOK

- 15 Minuten
  (+ 30 Minuten)

TYPE

- Schnell zubereitet

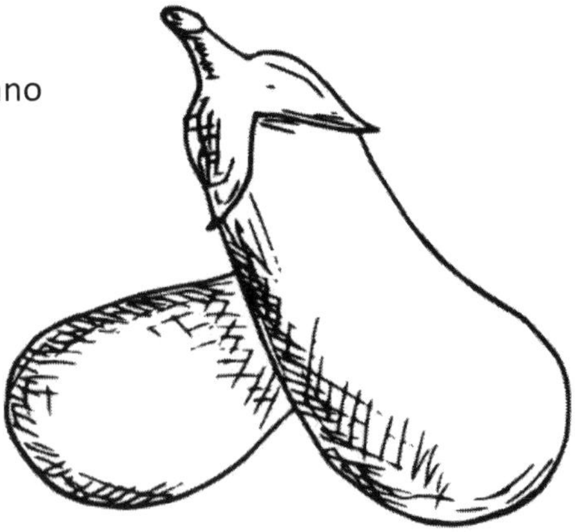

PREP & COOK

1. Ofen auf 180 °C Umluft vorheizen.

2. Zwiebel sowie Knoblauch schälen und hacken. Basilikumblätter abzupfen und waschen, Parmesan reiben.

3. Zwiebel und Knoblauch in einer Pfanne mit 1 EL Olivenöl dünsten.

4. Tomatenpassata hinzufügen und mit Zucker, Salz, Pfeffer sowie Oregano würzen. Flüssigkeit verdampfen lassen.

5. Auberginen waschen, in ca. 1 cm dicke Scheiben schneiden, salzen und kurz ziehen lassen.

6. Ei in einer Schüssel verquirlen. Auberginen zuerst in Eimasse und anschließend in Mehl wenden.

7. Auberginen in einer Pfanne mit restlichem Öl knusprig braun braten und auf Küchenkrepp abtropfen lassen.

8. In einer Auflaufform Tomatensoße, Auberginen, Mozzarella und Basilikum schichten, bis alle Zutaten verbraucht sind. Die letzte Schicht bildet Mozzarella mit geriebenem Parmesan.

9. Den Auflauf für 30 Minuten in den Ofen geben, bis die Oberfläche geschmolzen und goldbraun ist. Danach mit dem restlichen Basilikum bestreuen und sofort essen.

Zucchetti mit Frischkäse und Tomaten

SHOP

- 4 mittelgroße Zucchini
- 24 Cocktailtomaten
- 1 Zwiebel
- 4 EL Frischkäse
- 150 g Parmesan
- 2 EL Olivenöl
- 2 Knoblauchzehen
- 4 Zweige Basilikum
- 1 Msp. Muskat
- Salz und Pfeffer

TOOL

- Spiralschneider

PREP & COOK

- 15 Minuten

TYPE

- Schnell zubereitet

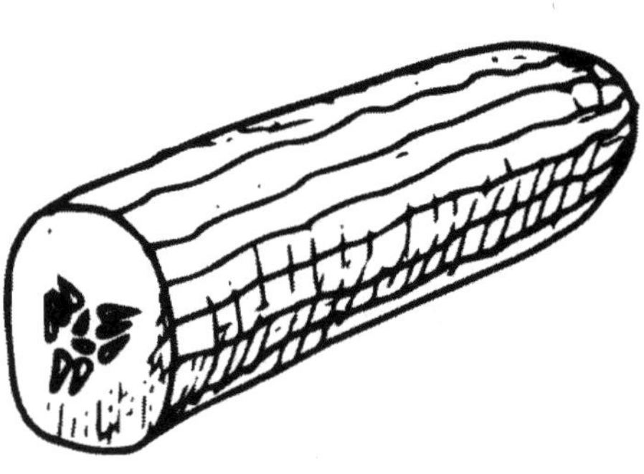

PREP & COOK

1. Zucchini waschen und mit dem Spiralschneider in Spaghetti-Form schneiden.

2. Tomaten waschen und vierteln. Knoblauch schälen und hacken.

3. Parmesan hobeln. Basilikumblättchen abzupfen und waschen.

4. Olivenöl in einer Pfanne erhitzen und Knoblauch darin andünsten. Frischkäse einrühren.

5. Zucchininudeln unter die Frischkäse-Soße heben und ca. 3 Minuten braten. Dabei mit Salz und Pfeffer abschmecken.

6. Tomaten unterheben.

7. Auf die Teller verteilen und vor dem Servieren mit Parmesan und Basilikum bestreuen.

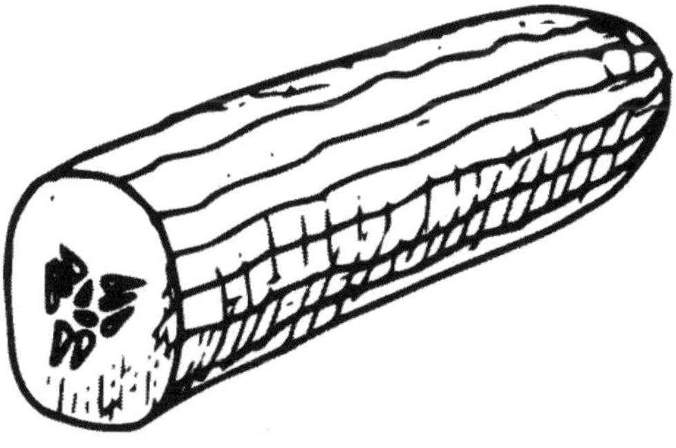

ZERO WASTE

Die Tomaten kannst du mit Paprika oder Aubergine ersetzen und so Reste verbrauchen. Allerdings musst du diese Zutaten dann kurz anbraten, damit sie weich werden.

Panierter Blumenkohl mit Gurken - Dip

SHOP

- 2 Blumenkohlköpfe
- 1 Gurke
- 120 ml Pflanzenmilch
- 500 g Joghurt
- 60 g Mehl
- 150 g Paniermehl
- 4 EL Olivenöl
- 1 TL Currypulver
- 1 TL Cumin
- Salz

PREP & COOK

- 15 Minuten
  (+ 30 Minuten)

TYPE

- Schnell zubereitet

PREP & COOK

1. Backofen auf 180 °C Umluft vorheizen.

2. Blumenkohl säubern und in Röschen teilen.

3. Mehl, 3 EL Öl und Milch in einer Schüssel vermischen.

4. In einer zweiten Schüssel Paniermehl, Salz und Currypulver vermischen.

5. Blumenkohl-Röschen zuerst in die Mehl-Milch-Mischung tauchen und danach in der Panade wälzen, bis sie rundum bedeckt sind.

6. Mit etwas Abstand auf ein Backblech legen und 30 Minuten backen.

7. Parallel dazu Gurke waschen und raspeln. Mit Joghurt, 1 EL Öl und 1 TL Cumin zu einem Dip vermischen. Mit Salz und Pfeffer abschmecken.

8. Blumenkohl auf Tellern verteilen und mit dem Dip servieren.

ZERO WASTE

Zu dem Gericht passen auch Brokkoli, Sellerie oder Kürbis. Lecker ist auch gemischtes, paniertes Gemüse aus dem Ofen. So kann man perfekt Reste verwenden.

Bohnen-Paprika-Reis mit karamellisiertem Tofu

SHOP

- 300 g Bohnen
- 300 g rote Paprika
- 150 g Frühlingszwiebeln
- 500 g Tofu
- 250 g Reis
- 2 EL Olivenöl
- 3 EL Sojasoße
- 2 cm Ingwer
- 2 EL Honig
- 8 Zweige Koriander
- 1 TL Chiliflocken
- Salz und Pfeffer

PREP & COOK

- 35 Minuten

TYPE

- Schnell zubereitet

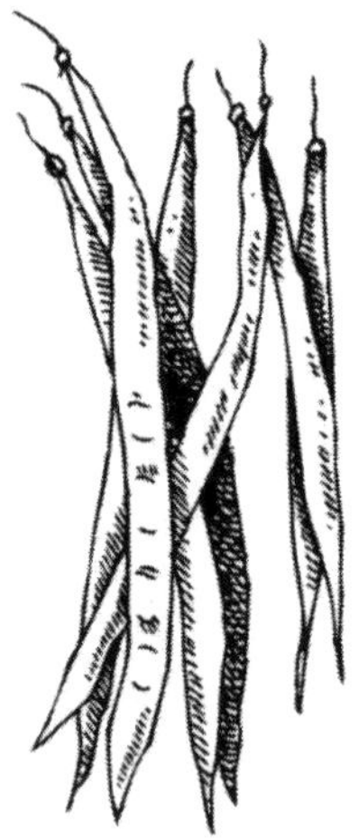

PREP & COOK

1. Tofu auspressen und in Würfel schneiden.

2. Paprika waschen und in Streifen schneiden. Bohnen waschen und Enden abschneiden. Frühlingszwiebeln waschen und in Ringe schneiden.

3. Ingwer schälen, raspeln und mit dem Honig sowie etwas Chiliflocken vermengen. Tofu darin marinieren. Beiseitestellen.

4. 1 EL Öl in einer Pfanne erhitzen, Paprika und Bohnen dazugeben, auf mittlerer Stufe für 3-4 Minuten braten. Mit Sojasoße ablöschen.

5. In einer weiteren Pfanne das restliche Öl erhitzen, den Tofu darin anbraten und karamellisieren lassen.

6. Parallel dazu Reis mit der doppelten Menge Wasser in einem Topf kochen.

7. Reis und Gemüse mischen und auf Tellern verteilen. Tofu darauf dekorieren, mit Chiliflocken und gehacktem Koriander bestreuen und servieren.

ZERO WASTE

Das Gericht funktioniert auch mit Zuckerschoten oder Erbsen. Die Gemüsesorte kannst du aber auch nach deinem Geschmack abändern, sodass du andere Reste verwerten kannst.

Linguine in Brokkoli-Soße

SHOP

- 1 Brokkoli
- 1 Zwiebel
- 500 g Linguine
- 150 g Frischkäse
- 4 EL Parmesan
- 200 ml Gemüsebrühe
- 100 ml Milch
- 4 EL Öl
- 1 Knoblauchzehe
- 2 EL Petersilie
- 1 Msp. Muskat
- Salz und Pfeffer

PREP & COOK

- 35 Minuten

TYPE

- Schnell zubereitet

PREP & COOK

1. Brokkoli waschen und in Röschen teilen. Zwiebel sowie Knoblauch schälen und hacken.

2. Öl in einer Pfanne erhitzen und Zwiebel sowie Knoblauch darin glasig dünsten.

3. Brokkoliröschen dazugeben und für 5 Minuten anbraten. Mit Gemüsebrühe ablöschen und für weitere 10 Minuten weichkochen. 4 Röschen herausnehmen und beiseitestellen.

4. Gemüse abtropfen lassen und mit einem Pürierstab in einer Schüssel pürieren.

5. Frischkäse und Milch zu dem pürierten Blumenkohl geben und alles zu einer cremigen Soße verrühren. Mit Salz und Pfeffer abschmecken.

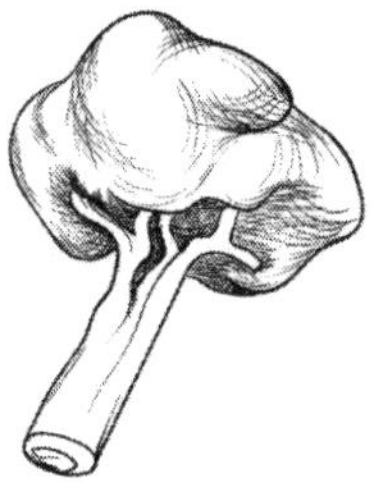

6. Linguine in einem Topf mit gesalzenem Wasser al dente kochen.

7. Petersilie waschen und hacken. ¾ davon zur Soße geben.

8. Übrige Brokkolilröschen grob zerteilen und mit in die Soße geben.

9. Parmesan reiben.

10. Nudeln auf den Tellern verteilen, Soße darüber geben, mit Petersilie sowie Parmesan bestreuen und servieren.

ZERO WASTE

Wenn du keinen Frischkäse zu Hause hast, kannst du alternativ Quark, Ricotta oder Feta verwenden.

Erbsen - Suppe mit Kartoffeln und Kerbel

SHOP

- 800 g Erbsen, tiefgekühlt
- 2 große Kartoffeln
- 500 ml Gemüsebrühe
- 1 EL Zitronensaft
- 200 g Sahne
  (oder vegane Crème)
- 1 Bund Kerbel
- Salz und Pfeffer

PREP & COOK

- 30 Minuten

TYPE

- Schnell zubereitet

PREP & COOK

1. Kartoffeln waschen und schälen. In einem Topf in Gemüsebrühe weichkochen.

2. ⅔ der Erbsen dazugeben und für 5 Minuten mitköcheln lassen.

3. Kerbel waschen, hacken und bis auf drei oder vier Zweige zum Gemüse geben. Alles pürieren.

4. Mit Salz und Pfeffer abschmecken. Sahne und restliche ganze Erbsen dazugeben und kurz aufkochen. Eine Handvoll Erbsen übrigbehalten.

5. Mit restlichem Kerbel und den Erbsen dekorieren und servieren.

ZERO WASTE

Als Ergänzung in der Suppe eignet sich jegliches Rübengemüse. Du kannst auch einfach Gemüsereste deiner Wahl hinzugeben, die den Geschmack noch abwechslungsreicher gestalten. Da sich die Suppe sehr gut einfrieren lässt, musst du die Reste nicht wegschmeißen oder kannst direkt die doppelte Menge zubereiten.

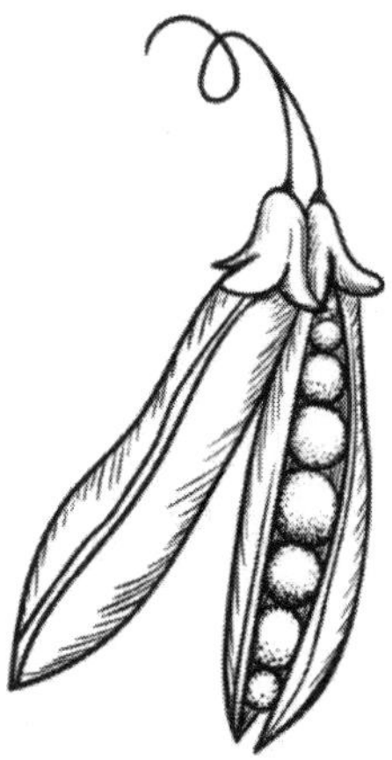

Salat mit Beeren und karamellisiertem Käse

SHOP

- 2 Packungen Pflücksalat
- 500 g gemischte Beeren
- 4 dicke Scheiben Ziegenbrie
- 4-6 Scheiben Brot
- 50 g Walnüsse
- 150 ml Apfelsaft
- 5 EL Honig oder Ahornsirup
- 6 EL Olivenöl
- 7 Zweige Blutampfer
- 1 Bund Basilikum
- 3 Zweige Minze
- Salz und Pfeffer

PREP & COOK

- 35 Minuten

TYPE

- Schnell zubereitet

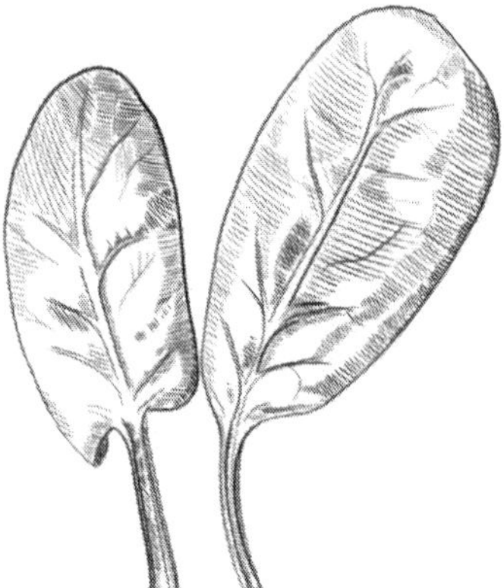

PREP & COOK

1. Salat, Kräuter sowie Beeren putzen und waschen.

2. Aus Apfelsaft, 1 EL Honig und 4 EL Olivenöl in einer Schüssel ein Dressing herstellen. Mit Salz und Pfeffer würzen.

3. Brot in breite Streifen schneiden und in 2 EL Olivenöl in der Pfanne goldbraun rösten. Mit Meersalzflocken bestreuen.

4. Restliches Olivenöl in die Pfanne geben, Käse mit Honig beträufeln und in der Pfanne goldbraun rösten bis der Honig karamellisiert.

5. Salat, Kräuter und ¾ der Beeren mit dem Dressing mischen.

6. Salat auf den Tellern verteilen und Käse darauf ablegen.

7. Mit den restlichen Beeren und den Walnüssen dekorieren. Brot zum Salat servieren.

ZERO WASTE

Den Pflücksalat kannst du mit Rucola, Feldsalat und jedem anderen grünen Salat ergänzen oder ersetzen. Auch Babyspinat passt gut als Salatersatz für diese Gericht.

Kroatisches Mangold-Blitva mit Kartoffeln

SHOP

- 6 mittelgroße Kartoffeln
- 1,5 kg Mangold
- 1 Zwiebel
- 200 ml Schmand
- Abrieb einer Zitrone
- 2 Knoblauchzehen
- 1 Msp. Muskat
- Salz und Pfeffer

PREP & COOK

- 30 Minuten

TYPE

- Schnell zubereitet

PREP & COOK

1. Mangold waschen und Strunk entfernen. Blätter in Streifen schneiden.

2. Zwiebel sowie Knoblauch schälen, beides fein würfeln.

3. Kartoffeln schälen und in mundgerechte Stücke schneiden.

4. Kartoffeln in einem Topf mit Salzwasser ca. 15 Minuten weichkochen.

5. Mangoldblätter 5 Minuten vor dem Ende der Kochzeit zugeben und bei geschlossenem Deckel köcheln lassen, bis sie zusammenfallen.

6. Schmand unterrühren und vor dem Servieren mit Salz, Zitronenabrieb, Pfeffer und Muskat abschmecken. Auf den Tellern verteilen und servieren.

ZERO WASTE

Echt kroatisch ist das Gericht nur mit Mangold. Spinat ist aber durchaus eine leckere Alternative. Solltest du noch etwas von dem Gericht übrig haben, eignet es sich am nächsten Tag hervorragend als Beilage zu Reis, Halloumi oder Brot.

Zucchini-Mais-Tortilla

SHOP

- 3 große Zucchini
- 2 Maiskolben, vorgegart
- 1 Zwiebel
- 6 Eier
- 3 EL Butter
- 150 g geriebener Bergkäse
- 1 EL Oregano
- Salz und Pfeffer

PREP & COOK

- 20 Minuten
  (+ 15 Minuten)

TYPE

- Schnell zubereitet

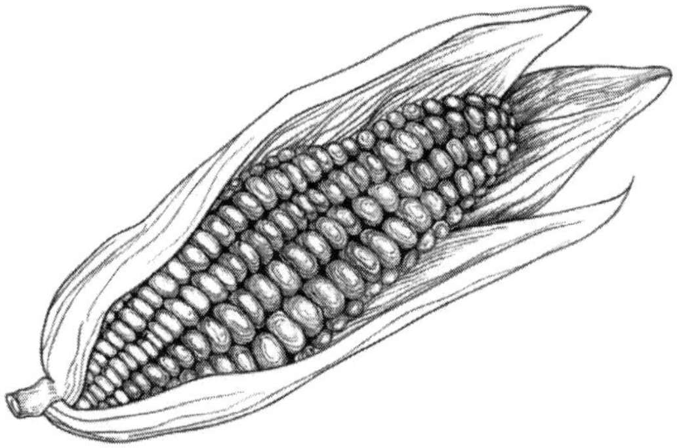

PREP & COOK

1. Ofen auf 200 °C vorheizen.

2. Zwiebel schälen, fein würfeln und in einer Pfanne mit Butter glasig dünsten.

3. Währenddessen die Zucchini waschen und in dünne Scheiben schneiden. Maiskörner in Streifen vom Kolben schneiden und in mundgerechte Stücke teilen.

4. Zucchini in die Pfanne zu den Zwiebeln geben und für ca. 5 bis 10 Minuten garen.

5. Mais dazugeben und die Mischung mit Salz, Pfeffer sowie Oregano würzen.

6. Eier in einer Schüssel verquirlen, Käse reiben und ¾ davon mit den Eiern vermischen. Alles unter die Gemüsemischung heben.

7. Die Mischung in eine Springform füllen und mit dem restlichen Käse bestreuen.

8. Im Ofen für ca. 15 Minuten backen, bis die Tortilla fest ist und eine goldbraune Kruste hat.

ZERO WASTE

Statt Bergkäse kannst du jeder andere Sorte von Hartkäse verwenden und so deine Reste aufbrauchen. Solltest du Reste von der Tortilla übrig haben, kannst du sie einfach in den Kühlschrank stellen und am nächsten Tag kalt genießen oder erneut aufwärmen.

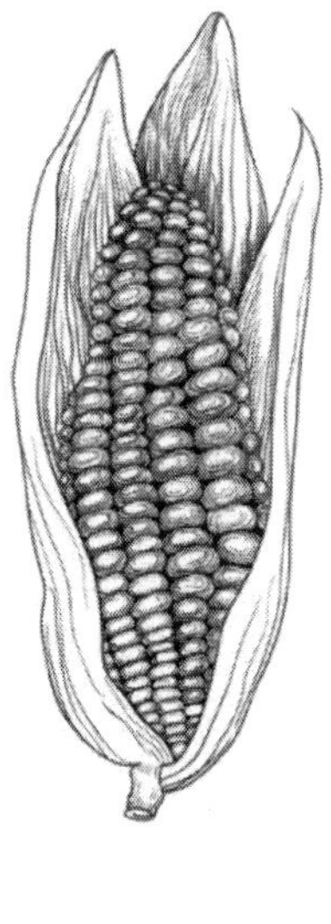

Winter

Sellerie-Eintopf mit Rüben und Tomaten

SHOP

- 1 große Sellerie
- 6 große Karotten
- 1 Zwiebel
- 100 g Pilze
- 8 getrocknete Tomaten
- 1 EL Honig
- 4 EL Olivenöl
- 1 Knoblauchzehe
- 1 Bund Petersilie
- 2 EL mildes Paprikapulver
- 1 Zimtstange
- 5 Nelken
- 5 Pfefferkörner
- 2 Sternanis
- Salz und Pfeffer

PREP

- 30 Minuten
  (+ 150 Minuten)

COOK

- 10 Minuten

TYPE

- Perfekt vorbereitet

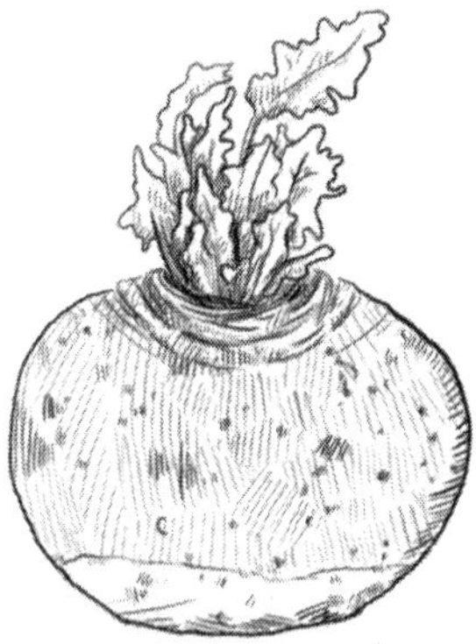

PREP

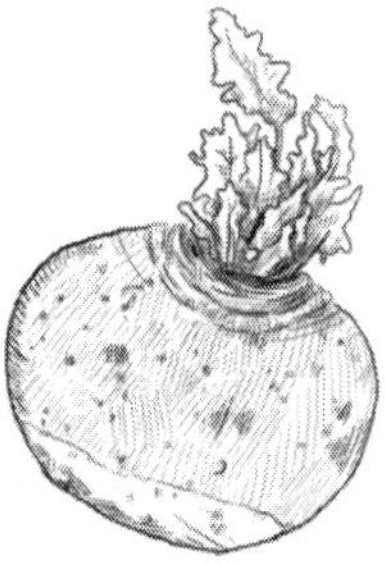

1. Sellerie und Karotten putzen und kleinschneiden. Kräuter waschen und ¼ der Petersilie klein hacken. Pilze putzen und ggf. halbieren.

2. Getrocknete Tomaten in Streifen schneiden.

3. Zwiebel schälen und mit den Nelken spicken. Knoblauch schälen und zerdrücken.

4. Öl in einem Topf erhitzen und Knoblauch sowie Zwiebel anrösten, bis es duftet.

5. Gemüse dazugeben und mit Wasser auffüllen, bis alles bedeckt ist.

6. Gewürze, Pilze und getrocknete Tomaten zugeben.

7. Ca. 2,5 Stunden zugedeckt köcheln und Flüssigkeit verdampfen lassen. Mit Salz und Pfeffer abschmecken.

COOK

1. Eintopf erwärmen und nochmals mit Salz und Pfeffer abschmecken.

2. Mit einem Klecks Schmand servieren und mit Petersilie dekorieren.

ZERO WASTE

Statt Karotten kannst du jede Sorte Rüben verwenden und somit perfekt alle Reste aufbrauchen.

Ofen-Karotten mit Fenchel und Cumin

SHOP

- 8 große Karotten
- 1 Tasse Bulgur
- 250 g Schmand
- 5 EL Olivenöl
- 1 EL Zitronensaft
- 1 TL Cumin
- 2 TL Currypulver
- 2 TL Fenchelsamen
- 1 EL Chiliflocken
- 8 Zweige Petersilie
- Meersalz und Pfeffer

PREP

- 10 Minuten
  (+ 45 Minuten)

COOK

- 10 Minuten

TYPE

- Perfekt vorbereitet

PREP

1. Ofen auf 180 °C vorheizen.

2. Karotten schälen und in Stifte schneiden (ca. 2 cm lang und 1 cm dick).

3. 4 EL Olivenöl in einer Schüssel mit Pfeffer, Meersalz, Curry, Chili und Cumin mischen und die Karottenstifte darin marinieren.

4. Karotten in eine Auflaufform geben und Fenchelsamen drüberstreuen. Wasser hinzugeben, sodass die Karotten zur Hälfte bedeckt sind.

5. Karotten für 45 Minuten backen.

COOK

1. Bulgur nach Packungsanweisung garen und parallel dazu Karotten im Ofen bei 120 °C aufwärmen.

2. Schmand mit Zitronensaft und 1 EL Olivenöl in einer Schüssel verrühren und mit Salz und Pfeffer abschmecken.

3. Petersilie waschen und klein hacken.

4. Bulgur auf den Tellern anrichten, Karotten darüber geben, mit Petersilie bestreuen und mit dem Dip aus Schmand servieren.

ZERO WASTE

Solltest du nicht genügend Karotten zu Hause haben, kannst du das Gericht einfach mit anderen Rüben ergänzen.

Brat-Apfel-Mus mit Zimt

SHOP

- 6 Boskop-Äpfel
- 250 ml Joghurt
- 2 EL Marzipanmasse
- 1 TL Nussmus (Mischmus)
- 200 ml Apfelsaft
- 2 TL Zimt
- 1 Sternanis
- 2 Nelken
- Süßungsmittel

PREP

- 30 Minuten

COOK

- 10 Minuten

TYPE

- Perfekt vorbereitet

PREP

1. Ofen auf 180 °C Umluft vorheizen.

2. Äpfel waschen und klein schneiden.

3. Apfelstücke in eine Auflaufform geben, Apfelsaft, Zimt, Sternanis und Nelken dazugeben und für ca. 20 Minuten im Ofen weichbacken.

4. Anschließend überschüssige Flüssigkeit abgießen, Nelken und Sternanis entfernen.

COOK

1. Apfelstücke, Marzipan und Nussmus in einen Mixer geben und pürieren.

2. Mus auf Schüsseln verteilen, mit Nüssen sowie einem Klecks Joghurt dekorieren und mit Zimt bestreuen.

ZERO WASTE

Die abgegossene Flüssigkeit aus PREP-Schritt 4 kannst Du mit Früchtetee strecken und so einen leckeren Punsch herstellen. Besonders lecker wird's mit einem Stamperl Apfelschnaps o.ä.

Wirsing-Quiche mit Maronen

SHOP

- 160 g Mehl
- 130 g Butter
- 2 Eier
- 1 Eigelb
- 400 g Wirsing
- 1 Zwiebel
- 8 getrocknete Tomaten
- 8 Maronen, vorgegart
- 150 g Sahne
- 100 g herzhafter Käse (Parmesan, Gouda, ...)
- 2 EL Olivenöl
- Salz und Pfeffer

PREP

- 75 Minuten (+ 90 Minuten)

COOK

- 10 Minuten

TYPE

- Perfekt vorbereitet

PREP

1. Ofen auf 200 °C Umluft vorheizen.

2. Mehl, Butter, Eigelb, ½ TL Salz und Wasser in einer Schüssel zu einem glatten Teig verkneten und diesen 1,5 Stunden kaltstellen.

3. Wirsing putzen, Stunk entfernen und Blätter in Streifen schneiden. Zwiebel schälen und würfeln.

4. Öl in einer Pfanne erhitzen und Zwiebeln darin glasig dünsten. Wirsing hinzugeben und ebenfalls dünsten, bis er leicht zusammenfällt.

5. Wirsing aus der Pfanne nehmen und in einem Sieb abtropfen lassen. Mit Salz und Pfeffer würzen.

6. Gegarte Maronen sehr fein hacken. Getrocknete Tomaten in Streifen schneiden.

7. Käse grob raspeln, mit den Eiern und der Sahne in einer Schüssel mischen.

8. Teig ausrollen und in eine Springform legen, dabei sollte ein ca. 1,5 cm hoher Rand entstehen. Teig mehrfach mit der Gabel einstechen und diesen für ca. 15 Minuten im Ofen vorbacken, damit der Teig schön knusprig bleibt.

9. Wirsing, Maronen und Tomaten auf dem Teig verteilen und die Eier-Käse-Sahne darüber gießen. Weitere 40 Minuten im Ofen fertigbacken.

COOK

1. Im Ofen aufwärmen (schmeckt aber kalt genauso gut).

2. Etwas abkühlen lassen und wie einen Kuchen in Stücke schneiden und servieren.

Pastinaken-Suppe mit Senf und Kresse

SHOP

- 1 kg Pastinaken
- 4 Schalotten
- 1 Handvoll Haselnüsse
- 1 l Gemüsebrühe
- 200 ml Sahne
- 1 EL Schmand
- 2 TL Senf
- 2 TL Olivenöl
- 1 Msp. Muskat
- 1 TL Kurkuma
- ½ TL Zimt
- 1 EL Kresse
- Salz und Pfeffer

PREP

- 35 Minuten

COOK

- 10 Minuten

TYPE

- Perfekt vorbereitet

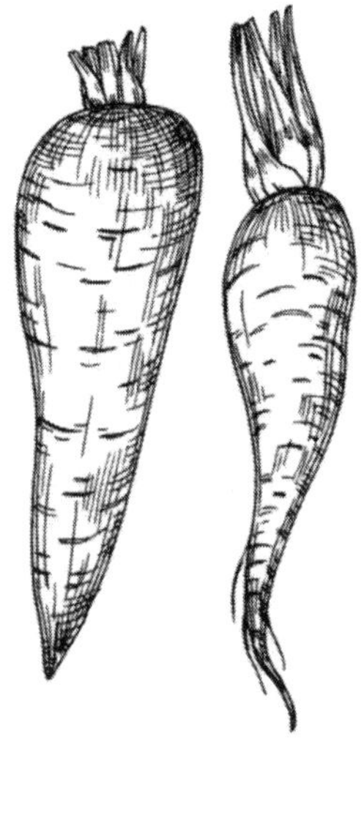

PREP

1. Pastinaken schälen und in kleine Stücke schneiden. Schalotten schälen und grob hacken. Kresse und Haselnüsse hacken.

2. Olivenöl in einem Topf erhitzen und die Schalotten darin glasig dünsten.

3. Pastinaken dazugeben und für 5 Minuten mitdünsten.

4. Mit Gemüsebrühe ablöschen und 20 Minuten köcheln lassen.

5. Gewürze, Sahne und Senf zugeben und vermengen.

6. Alles pürieren und mit Salz sowie Pfeffer abschmecken.

COOK

1. Suppe auf dem Herd erwärmen.

2. Kresse waschen und hacken. Haselnüsse hacken.

3. Suppe auf den Tellern verteilen und mit gehackter Kresse, gehackten Haselnüssen und Schmand dekorieren und servieren.

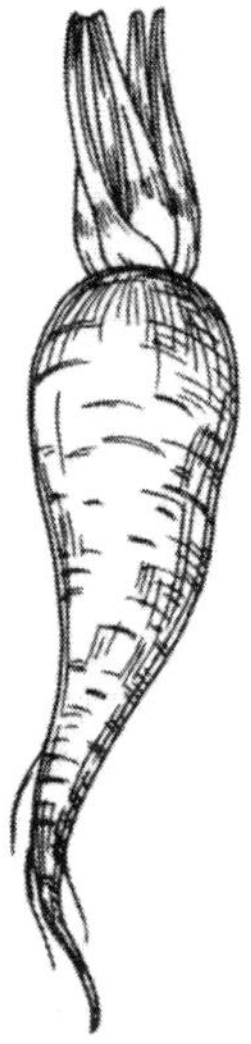

ZERO WASTE

Die Pastinaken harmonieren mit allen Rüben und Beeten. Daher kannst du auch Karotten, Petersilienwurzeln, gelbe Beete und anderes unter die Suppe mischen. So kannst du Reste verwerten.

Spirelli mit Feldsalat-Pesto und Steinpilzen

SHOP

- 250 g Feldsalat
- 500 g Steinpilze
- 2 Frühlingszwiebeln
- 300 g Spirelli
- 70 g Haselnüsse
- 50 g Bergkäse
- 2 EL Schmand
- 8 EL Olivenöl
- 1 Knoblauchzehe
- 1 EL rosa Pfefferbeeren
- Salz und Pfeffer

PREP

- 15 Minuten

COOK

- 15 Minuten

TYPE

- Perfekt vorbereitet

PREP

1. Feldsalat gründlich waschen und Wurzeln abschneiden.

2. Mit Nüssen, Käse, Salz, Pfeffer und ca. 6 EL Olivenöl in den Mixer geben und zu einer cremigen Paste mixen.

3. Pilze putzen und halbieren. Frühlingszwiebeln waschen und in feine Scheiben schneiden.

COOK

1. Restliches Olivenöl in einer Pfanne erhitzen und die Zwiebeln sowie den Knoblauch darin glasig dünsten.

2. Pilze dazugeben und braun anbraten.

3. Mit Salz und Pfeffer abschmecken.

4. Parallel dazu die Spirelli in einem Topf mit gesalzenem Wasser al dente kochen.

5. Gekochte Spirelli in einer Schüssel mit dem Pesto vermischen und auf den Tellern anrichten.

6. Pilze als Topping über die Nudeln geben, mit rosa Pfefferbeeren und etwas Schmand dekorieren und servieren.

ZERO WASTE

Im Kapitel Reste gibt's viele Varianten zum Feldsalat-Pesto. Sie eignen sich alle in Kombination mit diesem Gericht.

Masaman - Curry mit Schwarzwurzeln

SHOP

- 10 Schwarzwurzeln
- 2 Karotten
- 5 Schalotten
- 500 g Thaireis
- 1 l Kokosmilch
- 3 EL Olivenöl
- 2 cm Ingwer
- 2 Zweige Zitronengras
- 1 EL Koriandersamen
- 2 große getrocknete Chilischoten
- 1 TL Kreuzkümmel
- 1 TL Pfefferkörner
- 1 TL Garnelenpaste (oder Sojasoße)
- 8 Zweige Koriander
- Salz und Pfeffer

PREP

- 60 Minuten

COOK

- 15 Minuten

TYPE

- Perfekt vorbereitet

PREP

1. Koriandersamen, Kreuzkümmel und Pfefferkörner in einer Pfanne ohne Öl rösten, bis sie duften. Beiseitestellen.

2. Chilischoten waschen, entkernen, Ingwer, Schalotten und Knoblauch schälen und kleinschneiden, Zitronengras in Scheiben schneiden. Alles in 1 EL Olivenöl anbraten. Korianderkraut waschen und hacken.

3. Die abgekühlten Zutaten aus Schritt 1 in einem Mörser zu feinem Pulver zerstoßen. Chilischoten und Salz zugeben und solange stampfen, bis eine homogene Masse entstanden ist.

4. Garnelenpaste oder Sojasoße und die Mischung aus Ingwer, Zitronengras, Knoblauch und Schalotten zur Gewürzpaste hinzugeben und alles zu einer Paste verreiben.

5. Schwarzwurzeln, Kartoffeln und Karotten schälen und in mundgerechte Stücke schneiden.

6. Zwei Löffel der Paste in einer Pfanne mit Olivenöl anrösten, bis es duftet. Gemüse für einen Moment mitbraten. Mit Kokosmilch ablöschen, ¾ des gehackten Korianders hinzugeben und alles für ca. 15 Minuten weichkochen. Die übrige Curry-Paste kannst du mehrere Wochen im Kühlschrank aufbewahren.

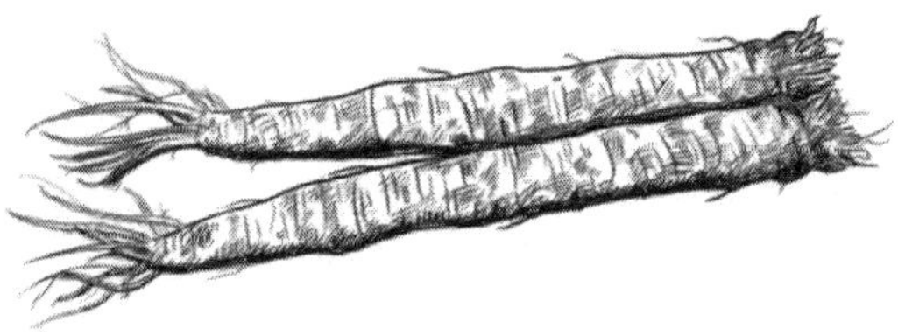

COOK

1. Reis mit der doppelten Menge Wasser kochen.

2. Gemüse erwärmen. Reis auf den Tellern verteilen und Gemüse darauf anrichten. Mit Koriander bestreuen und servieren.

Rahm-Schwammerl mit Semmelknödelkuchen

SHOP

- 6 alte Brötchen
- 1 Zwiebel
- 2 Frühlingszwiebeln
- 50 g Butter
- 3 Eier
- 600 g Champignons
- 1 l Wasser
- 1 TL Mehl
- 275 ml Milch
- 200 ml Sahne
- 150 ml Weißwein
- 2 EL Olivenöl
- 1 Msp. Muskat
- 1 Bund Petersilie
- Salz und Pfeffer

PREP

- 15 Minuten
  (+ 30 Minuten)
  (+ 35 Minuten)

COOK

- 20 Minuten

TYPE

- Perfekt vorbereitet

PREP

1. Ofen auf 200 °C Umluft vorheizen.

2. Brötchen in kleine Stücke schneiden. Petersilie waschen und hacken.

3. Zwiebel schälen, fein hacken und in einer Pfanne mit der Butter glasig dünsten.

4. Brötchen in eine Schüssel geben und Zwiebeln, Eier, die Hälfte der Petersilie und die Milch dazugeben. Alles gut durchmischen und 30 Minuten quellen lassen.

5. Springform fetten, den Teig in die Form geben und für ca. 35 Minuten backen.

6. Kurz abkühlen lassen und anschließend stürzen.

COOK

1. Knödelkuchen im Ofen bei ca. 100 °C erwärmen.

2. Pilze putzen und halbieren. Frühlingszwiebeln waschen und in feine Scheiben schneiden. Knoblauch schälen und hacken.

3. Olivenöl in einer Pfanne erhitzen und Frühlingszwiebeln sowie Knoblauch anbraten. Pilze dazugeben und mitbraten, bis sie braun werden. Mit Sahne und Weißwein ablöschen und Flüssigkeit verdampfen lassen. Restliche Petersilie mitkochen, ein wenig für später übriglassen.

4. Soße mit dem Mehl binden. Dafür Mehl mit Wasser in einer Tasse verrühren und langsam unter die Soße mischen. Aufkochen lassen. Mit Salz und Pfeffer abschmecken.

5. Knödelkuchen aus dem Ofen nehmen, in Scheiben schneiden und auf den Tellern verteilen. Mit dem Schwammerlrahm aus der Pfanne übergießen. Mit der Petersilie bestreuen und servieren.

Ribollita mit Schwarzkohl und Fenchel

SHOP

- 1 Kopf Schwarzkohl
- 1 Karotte
- 2 Kartoffeln
- 1 Fenchel
- 2 rote Zwiebeln
- 400 g stückige Tomaten
- 250 g weiße Bohnen aus dem Glas
- 150 ml Weißwein
- 600 ml Gemüsebrühe
- 4 EL Parmesan
- 4 EL Olivenöl
- 2 Knoblauchzehen
- 2 Zweige Thymian
- 1 Bund Petersilie
- Salz und Pfeffer

PREP

- 30 Minuten (+ 20 Minuten)

COOK

- 10 Minuten

TYPE

- Perfekt vorbereitet

PREP

1. Zwiebeln schälen und grob würfeln, Knoblauch schälen und hacken. Thymianzweige waschen. Petersilie waschen und hacken.

2. Olivenöl in einem Topf erhitzen, Zwiebeln und Thymianzweige dazugeben und mit Zucker karamellisieren.

3. Karotte und Kartoffeln schälen, Fenchel putzen und alles in ca. 2 cm große Würfel schneiden.

4. Mit dem Knoblauch in den Topf geben und 5 Minuten bei mittlerer Hitze braten.

5. Schwarzkohlstiele und Blätter waschen, in dünne Streifen schneiden und mit dem Gemüse im Topf vermengen.

6. Mit stückigen Tomaten und Weißwein ablöschen. Mit Salz sowie Pfeffer würzen und 5 Minuten einköcheln lassen.

7. Mit Gemüsebrühe ablöschen, ¾ der Petersilie dazugeben und 20 Minuten die Flüssigkeit verdampfen lassen.

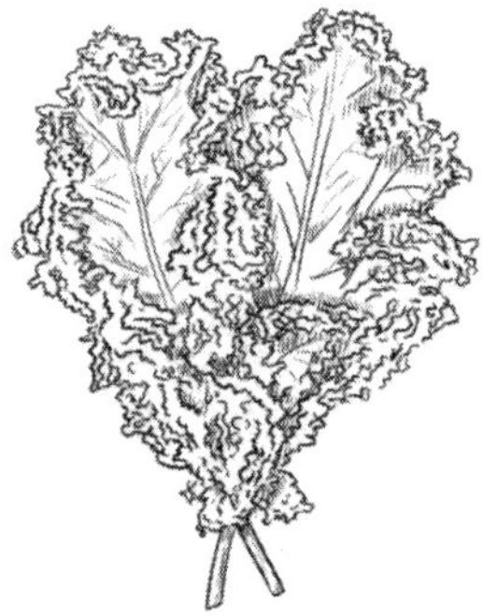

COOK

1. Bohnen zu dem bereits zubereiteten Eintopf geben und alles aufwärmen.

2. Thymianzweige entfernen.

3. Mit geriebenem Parmesan bestreuen und mit der restlichen Petersilie dekorieren und servieren.

Penne mit Lauch und getrockneten Tomaten

SHOP

- 2 Stangen Lauch
- 1 Zwiebel
- 250 g Penne
- 50 g getrocknete Tomaten in Öl
- 4 EL Mandelstifte
- 200 g Schmand
- 2 EL Öl
- 1 Knoblauchzehe
- 5 Zweige Petersilie
- 1 TL Chiliflocken
- Salz und Pfeffer

PREP

- 25 Minuten

COOK

- 15 Minuten

TYPE

- Perfekt vorbereitet

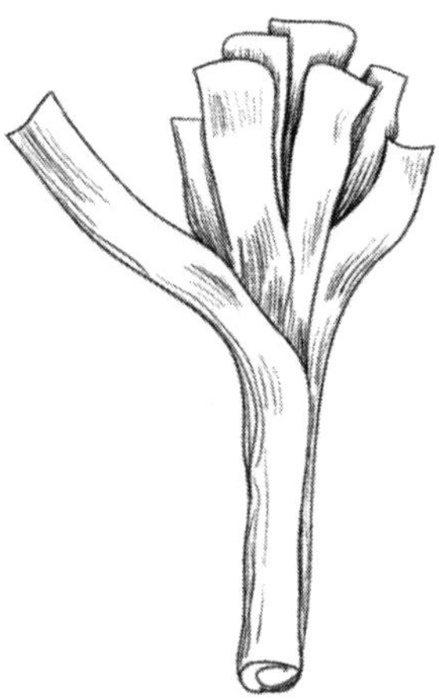

PREP

1. Lauch und Petersilie waschen und Lauch in Ringe schneiden, sowie Petersilie kleinhacken.

2. Zwiebel sowie Knoblauch schälen und klein hacken.

3. Getrocknete Tomaten kleinschneiden.

4. Mandeln in einer Pfanne ohne Fett braun rösten und anschließend beiseitestellen.

5. Lauch, Zwiebeln und Knoblauch ca. 5 Minuten in der Pfanne mit Öl andünsten.

6. Schmand und getrocknete Tomaten zugeben und ca. 150 ml Wasser einrühren. Mit Salz und Pfeffer würzen.

COOK

1. Nudeln in einem Topf mit gesalzenem Wasser al dente kochen.

2. Lauch-Soße erwärmen. Petersilie waschen und klein hacken.

3. Nudeln auf den Tellern verteilen, Soße darüber gießen.

4. Mit Mandeln, Petersilie und Chiliflocken bestreuen und servieren.

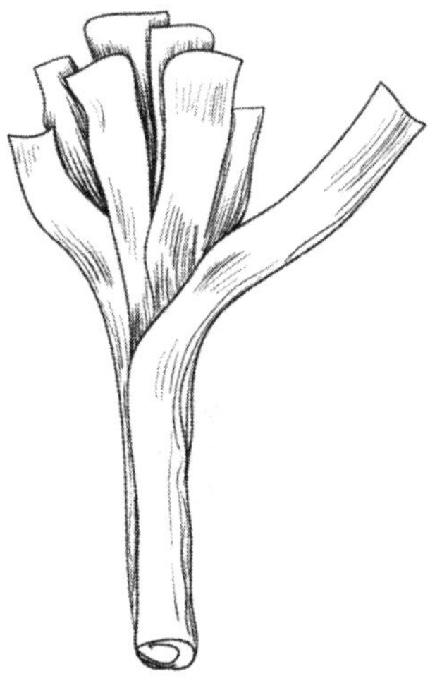

ZERO WASTE

Für das Gericht kannst du auch andere Nudelsorten verwenden, die du zu Hause hast. Anstatt Lauch passt auch Brokkoli zu dieser Soße.

Rotkohl-Strudel mit Feta

SHOP

- 1 kleiner Kopf Rotkohl
- 1 Zwiebel
- 1 Apfel
- 1 Packung Strudelteig (aus dem Kühlregal)
- 2 EL Rosinen
- 1 Handvoll Pinienkerne
- 200 ml Apfelsaft
- 200 g Feta
- 300 g Joghurt
- 100 g Butter
- 2 EL Öl
- 1 Knoblauchzehe
- 1 TL Zucker
- ½ TL Nelken
- 1 TL Curry
- Salz und Pfeffer

PREP

- 15 Minuten (+ 85 Minuten)

COOK

- 20 Minuten

TYPE

- Perfekt vorbereitet

PREP

1. Ofen auf 200 °C Umluft vorheizen.

2. Kohl putzen, vierteln und in Streifen vom Strunk abschneiden. Zwiebel sowie Knoblauch schälen und fein würfeln.

3. 1 EL Öl in einem Topf erhitzen, Zwiebel und Knoblauch darin für ca. 5 Minuten andünsten.

4. Mit Apfelsaft ablöschen. Rosinen, ½ TL Salz, Zucker und Nelken unterrühren. Kohl zugeben und alles gut durchmischen.

5. Aufkochen und 30 Minuten schmoren lassen.

6. Äpfel waschen, vierteln, entkernen und fein würfeln. Äpfel unter den Kohl rühren und 30 Minuten weiterschmoren lassen.

7. Feta zerbröseln, Pinienkerne klein hacken und ebenfalls unter den Kohl geben.

8. Strudelteig ausrollen und dünn mit restlichem Öl bestreichen. Kohl-Mischung darauf platzieren und die Enden des Teigs übereinanderschlagen.

9. Strudel mit der Nahtseite nach unten auf ein Blech mit Backpapier legen und im Ofen für 25 Minuten backen.

COOK

1. Strudel im Ofen aufwärmen.

2. Joghurt mit Curry in einer Schüssel verrühren und mit Salz sowie Pfeffer abschmecken.

3. Strudel aus dem Ofen nehmen, in Scheiben schneiden und mit dem Dip servieren.

Birnen - Brot mit Nüssen

SHOP

- 4 Birnen
- 2 Eier
- 100 g Haferflocken
- 200 g Dinkelmehl
- 150 ml Honig
- 60 ml Milch
- 2 TL Backpulver
- 80 ml Olivenöl
- 2 TL Zimt
- 1 Vanilleschote
- 1 Msp. Salz

PREP

- 30 Minuten
  (+ 60 Minuten)

COOK

- 0 Minuten

TYPE

- Perfekt vorbereitet

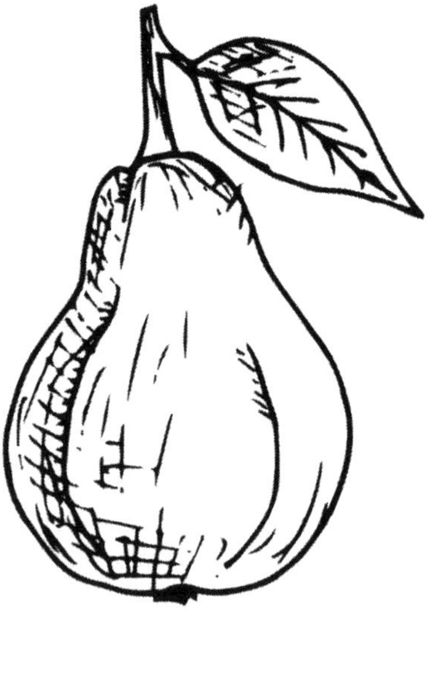

PREP & COOK

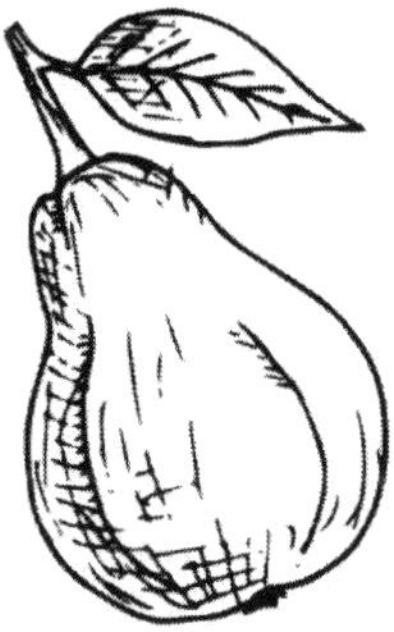

1. Backofen auf 180 °C Umluft vorheizen.

2. Öl und Honig in einer Schüssel mischen.

3. Aus Haferflocken, Mehl, Milch, Backpulver, Zimt und Salz einen weichen Teig kneten.

4. In die Mitte des Teigs eine Kuhle drücken und die Eier darüber aufschlagen.

5. Die Öl-Honig-Mischung zugeben und den Teig erneut verkneten.

6. Birnen waschen, halbieren und das Kerngehäuse entfernen. Drei dünne Scheiben aus der Mitte abschneiden, den Rest in kleine Stücke schneiden.

7. Birnen-Stücke unter den Teig mischen.

8. Kastenform mit Backpapier auslegen und Teig einfüllen.

9. Die Birnenscheiben oben auf dem Teig platzieren.

10. 1 Stunde backen.

11. Aus dem Ofen nehmen und auskühlen lassen. Anschließend das Brot aus der Form stürzen, in Scheiben schneiden und servieren.

ZERO WASTE

Das Brot hält sich im Kühlschrank für ca. anderthalb Wochen. Solltest du noch Äpfel oder Zwetschgen übrighaben, kannst du diese ebenfalls unter den Teig mischen.

Pasta mit Radicchio, Pfirsich und Nüssen

SHOP

- 1 Kopf Radicchio
- 70 g Walnüsse
- 2 Pfirsiche
- 500 g Spaghetti
- 200 g Ricotta
- 4 EL Olivenöl
- 1 Knoblauchzehe
- 1 Zweig Basilikum
- Salz und Pfeffer

PREP & COOK

- 30 Minuten

TYPE

- Schnell zubereitet

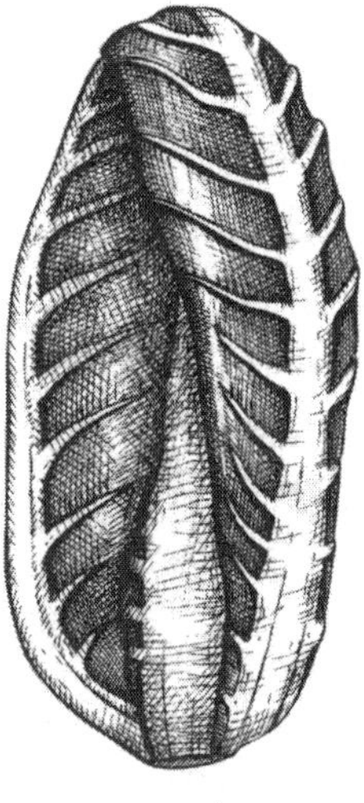

PREP & COOK

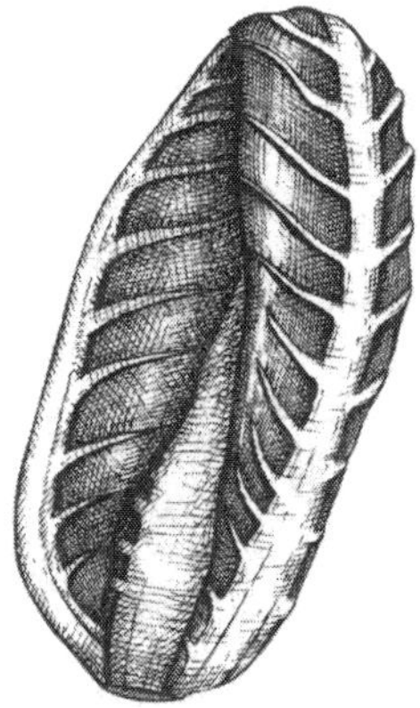

1. Radicchio putzen und zerteilen, Blätter in Streifen schneiden. Pfirsich waschen und in mundgerechte Stücke teilen, Knoblauch schälen und zerdrücken. Basilikum waschen und hacken.

2. Walnüsse hacken und in einer Pfanne ohne Fett anrösten.

3. Olivenöl in einer Pfanne erwärmen und Knoblauch darin für 3 Minuten anbraten.

4. Pfirsiche und Radicchio zum Öl hinzugeben und für 5 Minuten anbraten.

5. Ricotta durch ein Sieb streichen und alles gut vermischen. Wenn es zu fest ist, etwas Wasser zugeben. Alles für weitere 5 Minuten weichkochen.

6. Nudeln in einem Topf mit gesalzenem Wasser al dente kochen.

7. Nudeln mit Soße vermengen, auf den Tellern verteilen, mit Basilikum dekorieren und servieren.

Gebratener Rosenkohl auf Hummus

SHOP

- 750 g Rosenkohl
- 500 g Kichererbsen
- 2 EL Zitronensaft
- Saft einer halben Orange
- 3 EL Apfelessig
- 2 EL Butter
- 100 g Schafskäse
- 80 g Honig
- 3 EL Olivenöl
- 1 Knoblauchzehe
- ½ TL Kreuzkümmel
- 2 EL Tahin
- 1 TL Chiliflocken
- Salz und Pfeffer

PREP & COOK

- 35 Minuten

TYPE

- Schnell zubereitet

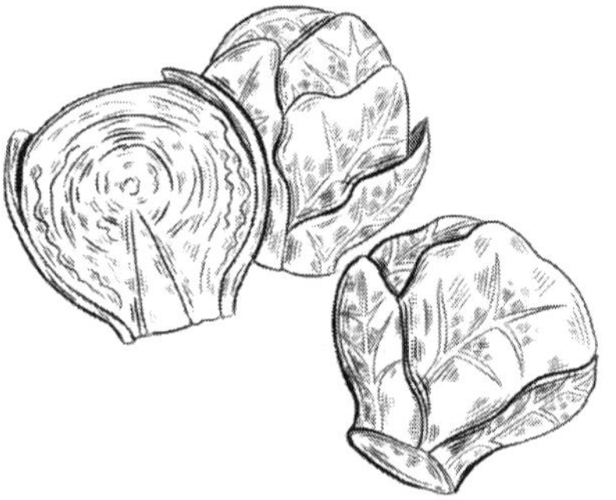

PREP & COOK

1. Für das Hummus Kichererbsen abspülen und im Mixer pürieren.

2. Knoblauchzehen schälen, pressen und mit Tahin, Zitronensaft, Salz und Pfeffer zur pürierten Masse geben und erneut durchmixen.

3. Rosenkohl putzen, Strunk und die äußeren Blätter abschneiden. Röschen waschen und halbieren.

4. Olivenöl in einer Pfanne erhitzen und den Rosenkohl für 10 bis 15 Minuten rundherum anbraten. Mit Salz und Pfeffer würzen.

5. Honig mit Butter in einen Topf geben und aufkochen lassen. Vom Herd ziehen, mit Chiliflocken, Salz und Pfeffer würzen. Apfelessig und Orangensaft zugießen.

6. Rosenkohl in eine Schüssel geben und mit der Soße marinieren.

7. Hummus in einen Teller geben und Rosenkohl darüber verteilen, Schafskäse darüber bröseln und zum Servieren mit den Chiliflocken dekorieren.

ZERO WASTE

Die andere Hälfte der Orange kannst du zu einem leckeren Getränk verarbeiten. Presse sie einfach aus und gieße den Saft mit Sprudelwasser auf. Gib eine Messerspitze Zimt und einen Zweig Rosmarin hinzu. Rühre den Drink durch und serviere ihn. Alternativ kannst du die Orange filetieren und mit einem Joghurt genießen. Auch hier gibt eine Messerspitze Zimt das gewisse Etwas. Schneidest du die Filets zusätzlich klein und würzt neben dem Zimt mit Salz und Pfeffer entsteht ein Mus, das hervorragend zum Rosenkohl passt.

Rote Beete mit Feta, Honig und Minze

SHOP

- 4 große Rote Beete
- 1 Apfel
- 250 g Gerstengraupen
- 100 g Feta
- 3 EL Weißweinessig
- 1 EL Honig
- 3 EL Olivenöl
- 1 Bund Minze
- 3 Zweige Rosmarin
- Salz und Pfeffer

PREP & COOK

- 10 Minuten
  (+ 40 Minuten)

TYPE

- Schnell zubereitet

PREP & COOK

1. Backofen auf 180 °C Umluft vorheizen.

2. Rote-Beete-Knollen schälen, waschen, in mundgerechte Stücke schneiden und in eine ofenfeste Form geben. Ebenso den Apfel waschen, klein schneiden und dazu legen. Rosmarin waschen und hacken.

3. Weißweinessig, Olivenöl und Honig in einer Schüssel zu einer Marinade verrühren. Mit Rosmarin, Salz und Pfeffer würzen, über die Rote Beete gießen und gut umrühren.

4. Im vorgeheizten Ofen für ca. 40 Minuten backen.

5. Parallel dazu Gerstengraupen nach Packungsanweisung garen.

6. Minze waschen und Blätter vom Stiel zupfen.

7. Gerstengraupen auf den Tellern verteilen, Rote Beete darauf anrichten und mit zerbröseltem Feta und Minze dekorieren.

ZERO WASTE

Solltest du noch Karotten oder Zucchini übrighaben, kannst du das Gemüse ebenfalls in die Auflaufform geben und das Gericht dadurch ergänzen. Auch Basilikum eignet sich als zusätzliches Gewürz perfekt.

Winterrettich mit Reis in Tamarindensoße

SHOP

- 4 Winterrettiche
- 2 rote Paprikaschoten
- 350 g Reis
- 1 EL Tamarindenpaste
- 2 EL Olivenöl
- 2 Knoblauchzehen
- 5 g Ingwer
- 2 EL Zucker
- 1 TL Chiliflakes
- 1 Bund Koriander
- Salz und Pfeffer

PREP & COOK

- 20 Minuten
  (+ 20 Minuten)

TYPE

- Schnell zubereitet

PREP & COOK

1. Knoblauch schälen und in Scheiben schneiden. Ingwer schälen und hacken. Koriander waschen und hacken.

2. Öl in einer Pfanne erhitzen und Knoblauch sowie Ingwer andünsten, bis es duftet.

3. Tamarindenpaste dazugeben und zu einer Creme verrühren. Mit Zucker, Salz, Chili und Pfeffer würzen. Mit einer Tasse Wasser ablöschen.

4. Winterrettich sowie Paprika waschen und in kleine Stücke schneiden. Mit in die Pfanne geben und ca. 20 Minuten mit geschlossenem Deckel dünsten. In den letzten 5 Minuten ¾ des gehackten Korianders dazugeben.

5. Den Reis mit der doppelten Menge Wasser in einem Topf kochen.

6. Reis und Winterrettich-Mischung aus der Pfanne auf den Tellern anrichten und mit dem restlichen Koriander bestreuen.

ZERO WASTE

Der Winterrettich harmoniert gut mit Spinat oder Selleriestauden. Auch Karotten oder Pastinaken kannst du bei dem Rezept als Ergänzung oder Ersatz verwenden.

Kohlrabi in heller Soße

SHOP

- 4 Kohlrabi
- 6 Kartoffeln
- 60 g Butter
- 60 g Mehl
- 200 ml Sahne
- 1 TL Zitronensaft
- Muskat
- Salz und Pfeffer

PREP & COOK

- 35 Minuten

TYPE

- Schnell zubereitet

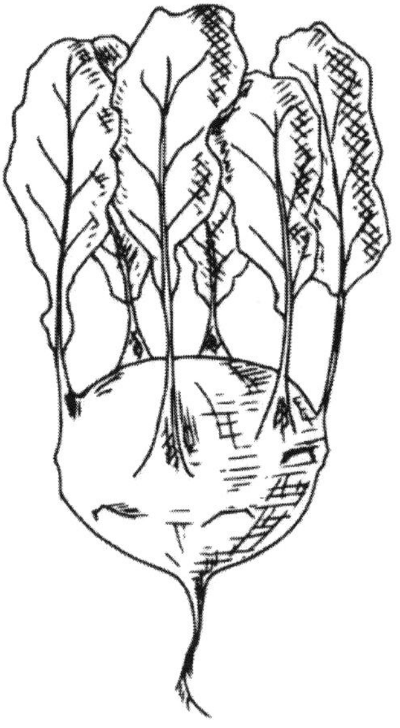

PREP & COOK

1. Kohlrabi sowie Kartoffeln schälen und in Stücke schneiden.

2. Beides in leicht gesalzenem Wasser bissfest garen.

3. Butter in einem Topf bei geringer Hitze zerlassen.

4. Löffelweise das Mehl zugeben und unterrühren, bis es sich verbindet. Nicht braun werden lassen.

5. Sahne und Kohlrabiwasser portionsweise dazugeben und vermengen, bis eine dickliche Soße entsteht.

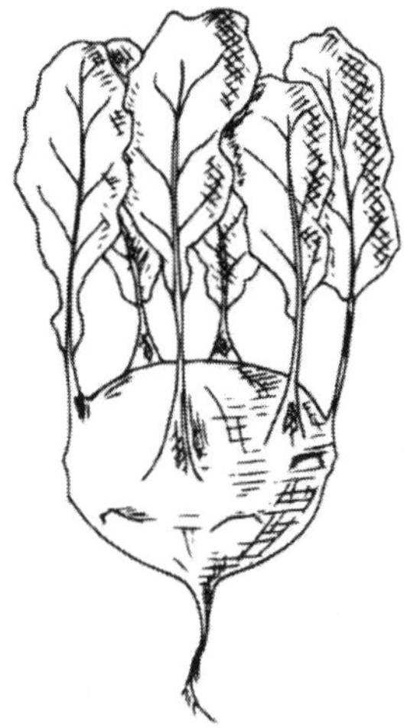

6. Mit Salz, Pfeffer, Muskat und Zitronensaft abschmecken.

7. Die Soße ca. 7 Minuten einköcheln lassen.

8. Kohlrabi und Kartoffeln abgießen und in die Soße mischen.

9. Petersilie waschen und hacken.

10. Kohlrabi-Mischung auf den Tellern verteilen, mit Petersilie bestreuen und servieren.

ZERO WASTE

Gut zu dem Gericht passt auch Sellerie. Solltest du also noch Reste davon übrighaben, kannst du diese einfach unter das Kohlrabi mischen.

Weißkraut-Spätzle mit Spiegelei und Liebstöckel

SHOP

- 1 Kohlkopf
- 500 g Spätzle (aus dem Kühlregal)
- 4 Eier
- 500 ml Gemüsebrühe
- 150 ml Weißwein
- 4 EL Olivenöl
- 1 Bund Liebstöckel
- 1 TL Zucker
- Salz und Pfeffer

PREP & COOK

- 30 Minuten

TYPE

- Schnell zubereitet

PREP & COOK

1. Kohlkopf putzen und in feine Streifen schneiden. Liebstöckel waschen und hacken.

2. In einer Pfanne mit 2 EL Olivenöl anbraten.

3. Etwas Zucker zugeben und leicht karamellisieren.

4. Mit dem Weißwein und der Gemüsebrühe ablöschen.

5. Alles für 15 Minuten weich kochen und zum Schluss ¾ des Liebstöckels zufügen.

6. Eier mit dem restlichem Olivenöl in einer Pfanne zu Spiegeleiern braten.

7. Kraut und Spätzle mischen, alles nochmal erwärmen und das Spiegelei darüber platzieren. Mit restlichem Liebstöckel dekorieren und servieren.

ZERO WASTE

Statt Weißkraut kannst du auch Spitzkohl oder Chinakohl verwenden. Liebstöckel lässt sich gut durch Petersilie ersetzen.

Rosmarin-Kartoffeln mit Joghurtdip

SHOP

- 12 große Kartoffeln
- 500 g Joghurt
- 5 EL Olivenöl
- 8 Zweige Rosmarin
- 4 EL Meersalzflakes
- 1 Msp. zerstoßene Kardamom
- Salz und Pfeffer

PREP & COOK

- 10 Minuten (+ 40 Minuten)

TYPE

- Schnell zubereitet

PREP & COOK

1. Kartoffeln gründlich waschen und halbieren. Auf einem Blech auslegen und mit Olivenöl bestreichen.

2. Rosmarin waschen, Nadeln abzupfen und hacken. Mit den Salzflakes in einem Schälchen vermischen.

3. Salz-Rosmarin-Mischung über die Kartoffeln geben.

4. Das Blech für ca. 45 Minuten in den Ofen geben.

5. Den Joghurt in einer Schüssel mit Salz, Pfeffer und Kardamom würzen.

6. Kartoffel aus dem Ofen nehmen und auf den Tellern zusammen mit dem Joghurt anrichten und servieren.

ZERO WASTE

Solltest du noch Rüben zu Hause haben, kannst du diese als Ergänzung mit auf das Blech zu den Kartoffeln geben.

Spitzkohl-Risotto mit schwarzen Oliven

SHOP

- 1 Kopf Spitzkohl
- 1 Zwiebel
- 2 Handvoll schwarze Oliven
- 300 g Risotto-Reis
- 150 ml Weißwein
- 300 ml Gemüsebrühe
- 150 g geriebener Manchego
- 6 EL Olivenöl
- 4 EL Kerbel
- 4 EL Petersilie
- Salz und Pfeffer

PREP & COOK

- 40 Minuten

TYPE

- Schnell zubereitet

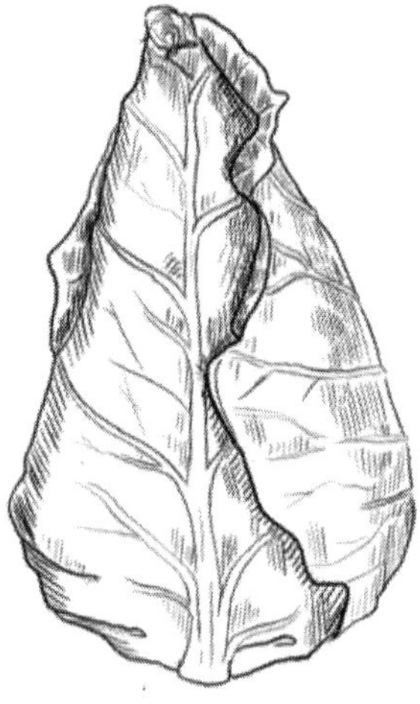

PREP & COOK

1. Zwiebel schälen und würfeln.

2. Spitzkohl putzen, längs halbieren, Strunk keilförmig herausschneiden und den Kohl würfeln.

3. Olivenöl in einer Pfanne erhitzen und Zwiebeln darin glasig dünsten.

4. Reis hinzufügen, mit Weißwein ablöschen und so lange rühren, bis die Flüssigkeit verschwunden ist.

5. Spitzkohl und die Hälfte der Gemüsebrühe hinzufügen.

6. Mit Salz und Pfeffer würzen.

7. Weitergaren und nach und nach den Rest der Gemüsebrühe zugeben.

8. So lange köcheln, bis der Reis weich und die Flüssigkeit verkocht ist.

9. Oliven halbieren und mit Kräutern sowie Manchego unterrühren. Auf den Tellern verteilen und servieren.

ZERO WASTE

Statt Spitzkohl funktioniert in diesem Gericht auch Endivie, Weiß- oder Chinakohl. Auch Pilze eignen sich gut als Ergänzung.

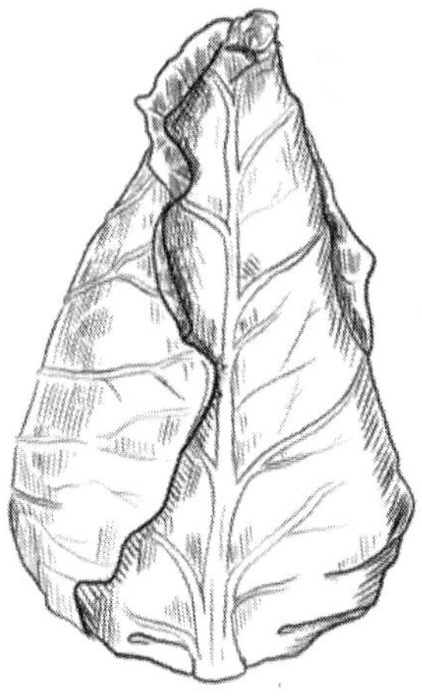

Chicorée aus dem Ofen in Orangensoße

SHOP

- 6 Chicorée
- 1 Blutorange
- 100 g Walnüsse
- 1 EL Sonnenblumenkerne
- 1 EL Rosinen
- 100 g Feta
- 2 EL Honig
- 3 EL Olivenöl
- Salz und Pfeffer

PREP & COOK

- 10 Minuten (+ 20 Minuten)

TYPE

- Schnell zubereitet

PREP & COOK

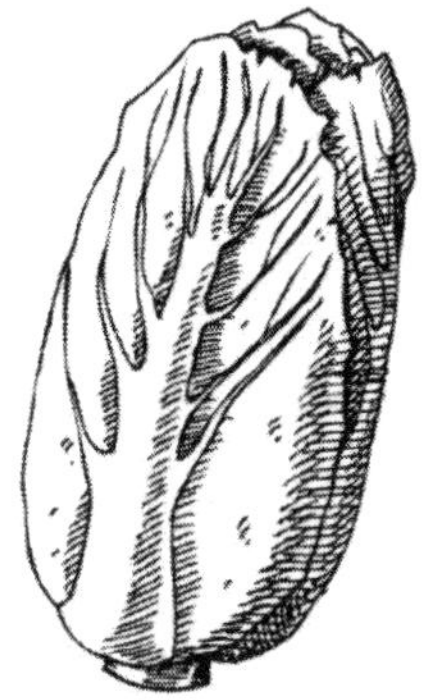

1. Backofen auf 180 °C Umluft vorheizen.

2. Chicorée halbieren, waschen und in eine Auflaufform legen.

3. Blutorange auspressen und den Saft mit Öl, Honig, Salz und Pfeffer in einer Schüssel verrühren. Den Chicorée damit marinieren.

4. Walnüsse, Sonnenblumenkerne und Rosinen grob zerkleinern und den Chicorée damit bestreuen.

5. Alles vermischen, sodass die Zutaten mit dem Dressing bedeckt sind.

6. Die Auflaufform für 15 Minuten in den Ofen geben.

7. Mit dem zerkrümelten Feta bestreuen und nochmals 5 Minuten überbacken (im Idealfall mit der Grillfunktion des Ofens).

8. Aus dem Ofen nehmen, auf den Tellern verteilen und servieren.

ZERO WASTE

Das Gericht funktioniert auch mit Chinakohl wunderbar. Eine Paprika eignet sich als gute Ergänzung und verleiht dem Gericht nochmal eine andere Note.

Zero Waste

Gemüse - Brühe

SHOP

- 1 große Salatschüssel voll mit Biomüll. Je nach Saison kommen unterschiedliche Kräuter und Gewürze mit rein:

<u>Herbst/Winter</u>

- 1 Zwiebel
- 6 Nelken
- 2 Zimtstangen
- 4 Kreuzkümmel
- 2 EL Honig
- 125 ml Zitronensaft
- 1 Msp. Muskat
- Salz und Pfeffer

<u>Frühling/Sommer</u>

- 1 Zwiebel
- 1 Bund Petersilie
- 3 Zweige Rosmarin
- 3 Zweige Thymian
- 2 EL Honig
- 200 ml Orangensaft
- Salz und Pfeffer

PREP & COOK

- 195 Minuten

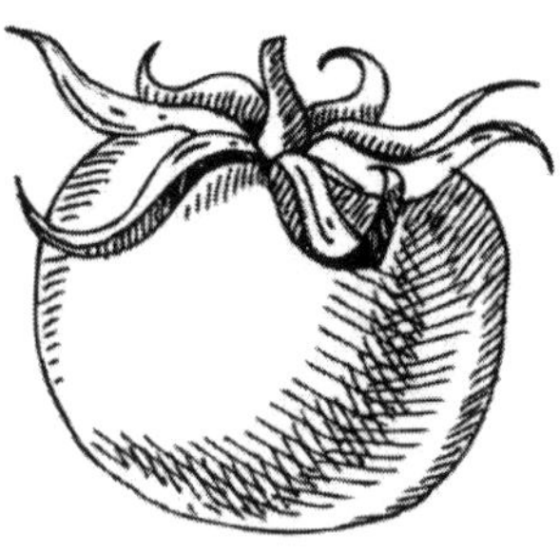

PREP & COOK

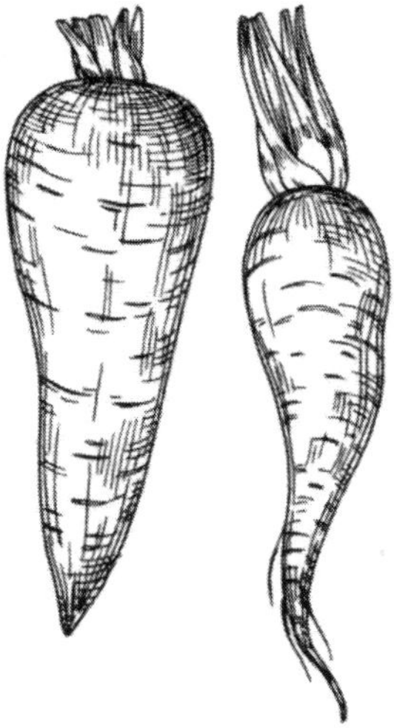

1. Sämtlichen Biomüll eine Woche lang sammeln und im Kühlschrank aufbewahren (auch Obst, Schalen und sogar Tee kann dort mit hinein). Am Ende sollte eine Salatschüssel gut gefüllt sein.

2. Alles nochmal gründlich waschen.

3. Eine Zwiebel schälen und für die Winter-Variante mit 6 Nelken spicken.

4. Alles in einen Topf geben und mit Wasser auffüllen, sodass das Gemüse gut bedeckt ist (ca. 5 L).

5. Aufkochen und 3 Stunden köcheln lassen.

6. Durch ein Sieb und nochmal durch ein Mulltuch passieren. Entweder nun als Brühe verwenden oder Flüssigkeit weiter verdampfen lassen, um eine Würz-Essenz herzustellen.

Pirogi

SHOP

- 1 Portion Gemüsereste, Bulgur, Couscous, Reis o.ä.
- 400 g Mehl
- 70 ml warme Milch
- 1 EL geschmolzene Butter
- 150 ml Wasser
- Beliebige Kräuter (frisch oder getrocknet, was vorhanden ist. Funktioniert aber auch ohne.)
- Salz und Pfeffer

PREP & COOK

- 70 Minuten

PREP & COOK

1. Das Mehl in eine Schüssel sieben und mittig eine Mulde formen.

2. Milch und Butter in die Mulde geben. Mit der Hand zu einem weichen Teig verkneten. Mit Salz und Pfeffer sowie verschiedenen Kräutern würzen.

3. Eine halbe Stunde abgedeckt ruhen lassen.

4. Den Teig auf einer bemehlten Fläche 2 mm dünn ausrollen. Mit einem Glas Kreise ausstechen.

5. Gemüsereste, Bulgur, Couscous, Reis o.ä. im Mixer kleinhäckseln und zu einer homogenen Konsistenz verarbeiten.

6. Mit einem Teelöffel die Füllung in die Mitte der Kreise platzieren und Teig einschlagen. Rand mit einer Gabel festdrücken.

7. Die Pirogi können in ungebackenem Zustand wunderbar eingefroren werden. Unbedingt vorher mit Mehl bestäuben, damit sie nicht zusammenkleben.

8. Wasser in einem großen Topf zum Kochen bringen und die Pirogi bei mittlerer Hitze etwa 3 Minuten köcheln lassen. Herausnehmen, sobald sie an der Oberfläche schwimmen.

9. Bei Bedarf noch in der Pfanne ausbacken und mit Soße oder Dips servieren. Die Pirogi passen auch sehr gut zu Salat.

Samosas

SHOP

- 1 Portion Reste von Jambalaya, Couscous o. ä.
- 450 g Mehl
- 225 ml Wasser
- 200 g Joghurt
- 1 EL Currypulver
- 7 EL Olivenöl
- 1 cm frischer Ingwer
- 1 TL Chiliflakes
- Salz und Pfeffer

PREP & COOK

- 60 Minuten (+ 20 Minuten)

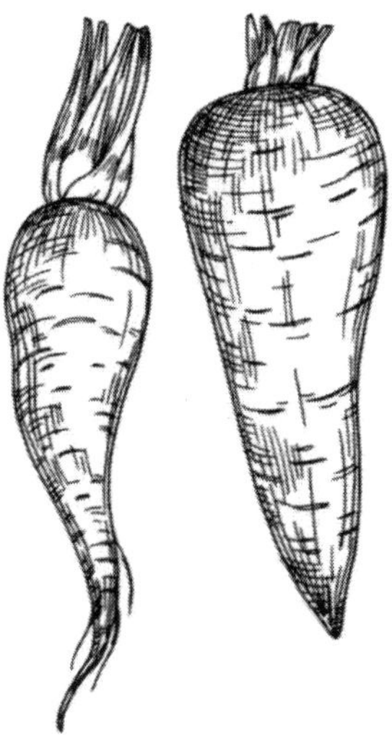

PREP & COOK

1. Backofen auf 180 °C Umluft vorheizen.

2. Mehl, Wasser und 5 EL Öl zu einem Teig verkneten. Zu einer Kugel formen und 30 Minuten kaltstellen.

3. Joghurt mit 2 EL Olivenöl und Currypulver in einer Schüssel verrühren. Mit Salz und Chiliflakes abschmecken.

4. Den Teig sehr dünn ausrollen und in Quadrate (von ca. 5 cm Seitenlänge) schneiden.

5. Je 1 TL von den Resten von Jambalaya, Couscous, o.ä. auf die Quadrate legen. Gemüsereste ggf. pürieren, wenn sie zu groß sind. Teig über die Füllung klappen und am Rand festdrücken. Ecken etwas einzwirbeln.

6. Samosas 20 Minuten im Ofen backen.

7. Ingwer schälen, raspeln und den Joghurt damit garnieren.

8. Samosas mit Joghurt servieren.

9. Die Samosas kann man in ungebackenem Zustand gut einfrieren. Falls der Teig zu sehr klebt, mit Mehl bestäuben. Selbstverständlich kann man den Teig auch einfach so einfrieren.

Mediterrane Rouladen aus Blättern mit Feta

SHOP

- 1-2 Portionen Gemüsereste (bereits gekocht, z.B. Tomaten, Zucchini, Auberginen, Salat, ...)
- 8 große Kohlrabi- oder Kohlblätter
- 100 g Schafskäse
- 8 getrocknete Tomaten in Öl
- Salz und Pfeffer

PREP & COOK

- 30 Minuten

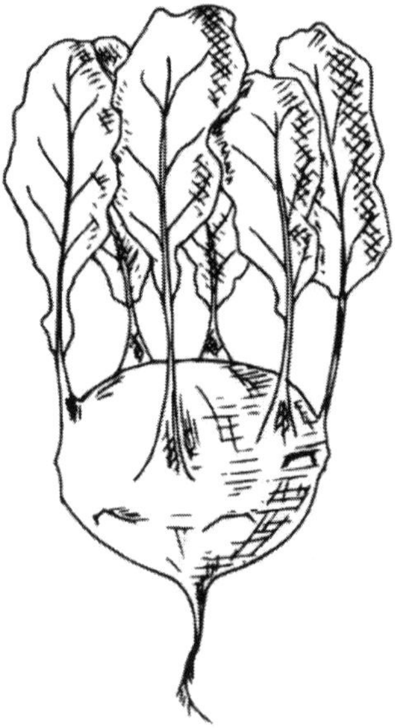

PREP & COOK

1. Große Kohlrabi- oder Kohlblätter waschen. Adern mit einem Löffel plattdrücken.

2. Alle gekochten Gemüse-Reste und den Feta in sehr kleine Stücke schneiden und in einer Schüssel vermengen oder im Mixer kurz durchpürieren.

3. Portionsweise in die Kohlrabi- oder Kohlblätter einwickeln und entweder mit einem Zahnstocher verschließen oder einem Grillfaden zubinden.

4. Olivenöl in einer Pfanne erhitzen und die Päckchen von allen Seiten anbraten, bis der Käse beginnt, rauszulaufen.

5. Grillfäden entfernen. Auf Tellern anrichten und z.B. mit einem Joghurt-Dip servieren.

Asia-Röllchen

SHOP

- 1-2 Portionen Gemüsereste (bereits gekocht, z.B. Paprika, Karotte, Pilze, Reis, Tofu, ...)
- 8 große Kohlblätter (z.B. Chinakohl, Weißkohl, ...)
- 7 g Ingwer
- 2 EL Sojasoße
- 1 TL brauner Zucker
- 1 TL Chiliflakes
- Ggf. Reste von Korianderkraut oder Thai-Basilikum

PREP & COOK

- 30 Minuten

PREP & COOK

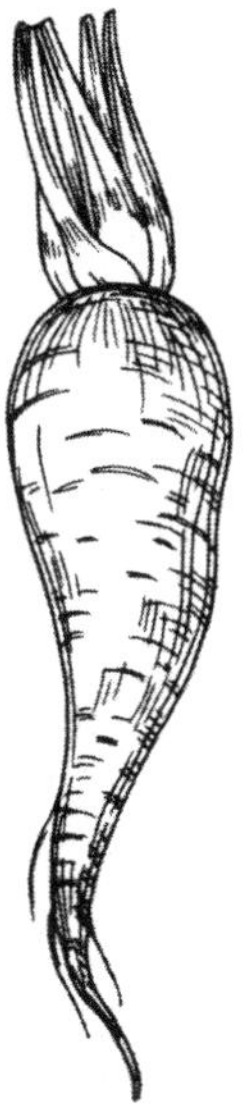

1. Alle Gemüse- oder Tofu-Reste in kleine Stücke schneiden und ggf. mit Reis in einer Schüssel vermengen oder kurz im Mixer pürieren. Mit Kräuterresten, Sojasoße, Chiliflakes und Ingwer würzen.

2. Kohlblätter waschen und platt drücken.

3. Gemüse-Mischung in die Blätter einwickeln und entweder mit einem Zahnstocher verschließen oder mit einem Grillfaden zubinden.

4. Olivenöl in einer Pfanne erhitzen und die Päckchen von allen Seiten anbraten, bis sie leicht braun sind und weich werden.

5. Asia-Röllchen aus der Pfanne nehmen und zum Servieren auf den Tellern verteilen. Zu den Röllchen passt sehr gut Sweet-Chili-Soße.

Pfannkuchen

SHOP

- 1-2 Portionen Gemüsereste (bereits gekocht, z.B. Paprika, Karotte, Pilze, ...)
- 250 g Weizenmehl
- 4 Eier
- 375 ml Milch
- 125 ml Sprudelwasser
- 80 g Butter
- 250 g Joghurt
- 250 ml Tomatensoße
- 2 EL Olivenöl
- 2 Zweige Petersilie
- Salz und Pfeffer

PREP & COOK

- 60 Minuten

PREP & COOK

1. Petersilie waschen und hacken.

2. Aus Mehl, Eiern, Milch und Sprudelwasser in einer Schüssel einen weichen Teig kneten.

3. Mit Salz sowie Petersilie würzen und für ½ Stunde ruhen lassen.

4. Gemüse-Reste sehr fein schneiden (oder kurz pürieren) und mit etwas Tomatensoße und Joghurt in einer Schüssel mischen, bis eine cremige Konsistenz entsteht.

5. Pfannkuchen in Butter in einer Pfanne backen.

6. Gemüse-Masse in die Pfannkuchen wickeln und alles in einer Pfanne in Olivenöl anbräunen.

7. Aus der restlichen Tomatensoße und dem Joghurt in einer Schüssel eine Soße anrühren und mit Salz sowie Pfeffer würzen. Besonders hübsch sieht es aus, wenn man Joghurt und Soße nicht komplett verrührt, sondern streifig lässt.

8. Pfannkuchen aus der Pfanne nehmen, auf den Tellern verteilen und mit dem Tomaten-Joghurt servieren. Mit ein paar Blättchen Petersilie dekorieren.

Ratz-Fatz-Gemüse-Gulasch

SHOP

- ca. 750 g Gemüsereste (nicht gekocht, z.B. Zucchini, Auberginen, Tomaten, Kartoffeln, Beeten, ...)
- 250 g stückige Tomaten
- 4 EL Olivenöl
- 2 Zweige Rosmarin
- 2 Zweige Thymian
- Salz und Pfeffer

PREP & COOK

- 40 Minuten

PREP & COOK

1. Backofen auf 180 °C Umluft vorheizen.

2. Gemüse-Reste in mundgerechte Stücke schneiden. Rosmarin und Thymian waschen und hacken.

3. Gemüse in eine Auflaufform geben und in Olivenöl marinieren.

4. Stückige Tomaten, Rosmarin- und Thymianzweige dazugeben und mit Salz und Pfeffer würzen.

5. Für 30 Minuten in den Ofen geben, bis das Gemüse leicht braun wird (ggf. etwas länger backen, je nach Gemüsesorte). Auf Tellern anrichten und servieren.

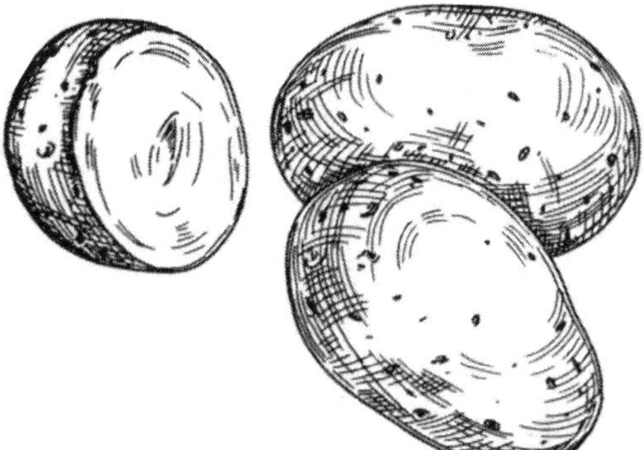

Kohl-Mischmasch

SHOP

- Kohlreste (wie z.B. Weißkohl, Rotkohl, Spitzkohl, Chinakohl, Wirsing, ...)
- 1 große Zwiebel
- 4 große Kartoffeln
- 1 EL Olivenöl
- 30 g Kapern
- 1 Prise Muskat
- Salz und Pfeffer

PREP & COOK

- 20 Minuten

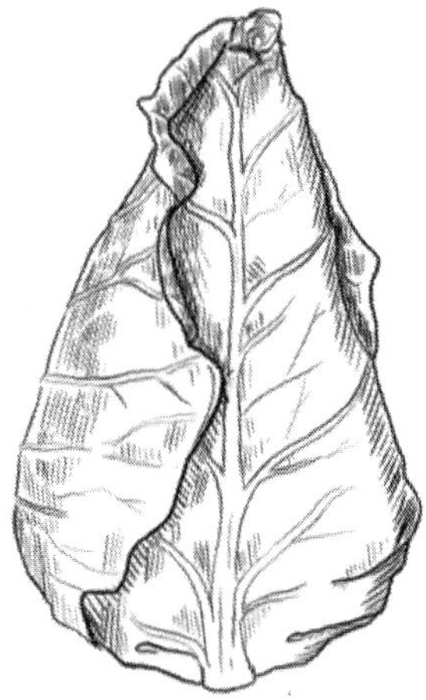

PREP & COOK

1. Kartoffeln schälen und in gesalzenem Wasser gar kochen.

2. Zwiebel schälen und hacken. In einer Pfanne mit in Öl anbraten.

3. Kohl waschen und in feine Streifen schneiden. Zu den Zwiebeln in die Pfanne geben und dünsten, bis der Kohl zusammenfällt (ggf. etwas Wasser zugeben). Mit Muskat, Salz und Pfeffer abschmecken.

4. Kartoffelwasser abschütten und die Kartoffeln grob zerstampfen.

5. Kohl und Kartoffeln vermischen und die Kapern unterheben. Auf Tellern anrichten und servieren.

Asia-Blech-Gemüse

SHOP

- Gemüsereste (z.B. 2 rote Paprika, 2 gelbe Paprika, 4 Karotten, 4 Frühlings-zwiebeln, ...)
- 200 g Zuckerschoten
- 800 g Tofu
- 4 EL Sojasoße
- 2 TL Honig
- 2 EL Sesam
- 4 EL Olivenöl
- 1 TL Chiliflocken
- Salz und Pfeffer

PREP & COOK

- 30 Minuten

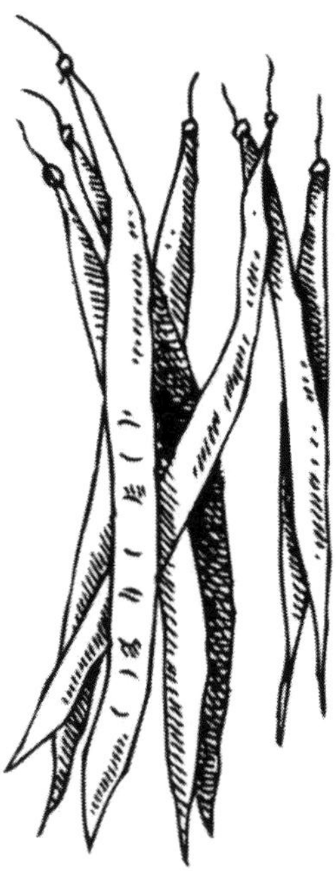

PREP & COOK

1. Ofen auf 180 °C vorheizen.

2. Tofu auspressen und würfeln. Paprika waschen, Karotten und Zwiebeln schälen. Paprika in Streifen, Karotten in Scheiben und Frühlingszwiebeln in Ringe schneiden. Zuckerschoten putzen und die Enden abschneiden.

3. Paprika, Zuckerschoten, Tofu und Karotten auf ein Backblech geben.

4. In einer Schale Sojasoße, Olivenöl und Honig mischen und mit den Händen unters Gemüse heben.

5. Mit Salz, Pfeffer und Chiliflocken würzen.

6. Das Gemüse für 20 Minuten backen, dabei ab und zu umrühren.

7. Gemüse aus dem Ofen nehmen und auf die Teller geben. Mit Sesam und Frühlingszwiebeln garnieren und servieren.

Panzarella

SHOP

- 4 Scheiben altes Weißbrot
- 500 g Salat- und Gemüsereste
- 120 g Manchego
- 4 EL Olivenöl
- 1 Zitrone (Saft und Abrieb)
- 2 EL Balsamicoessig
- 1 Bund Basilikum
- 180 g Oliven
- Salz und Pfeffer

PREP & COOK

- 30 Minuten

PREP & COOK

1. Ofen auf 180 °C Umluft vorheizen.

2. Brot in mundgerechte Stücke rupfen und auf einem Backblech auslegen.

3. Zitrone heiß waschen und Schale abreiben. Abrieb mit 4 EL Olivenöl in einer Schüssel mischen und über das Brot auf dem Backblech geben. Salzen und pfeffern.

4. Ca. 8 Minuten im Ofen rösten, bis das Brot beginnt, an den Ecken knusprig zu werden. Abkühlen.

5. Zitrone auspressen. Basilikum waschen und klein hacken. Zitronensaft, 2 EL Olivenöl und Basilikum in einer Schüssel mischen, Essig zugeben. Mit Salz und Pfeffer würzen.

6. Salatreste waschen und in mundgerechte Stücke zerteilen. Käse hobeln.

7. Salatreste mit dem Dressing vermischen, Käse, Oliven und ganz zum Schluss das Brot unterheben und sofort servieren, damit das Brot schön knusprig bleibt.

Pfannengröstl

SHOP

- Brotreste aller Art (ca. 2 Brötchen oder 3 Scheiben Brot)
- 1 Portion Gemüsereste aller Art (bereits gekocht oder gebraten)
- 2 Eier
- 2 EL Parmesan oder anderen würzigen Käse
- 2 EL Olivenöl
- 2 Stängel Petersilie
- Salz und Pfeffer

PREP & COOK

- 30 Minuten

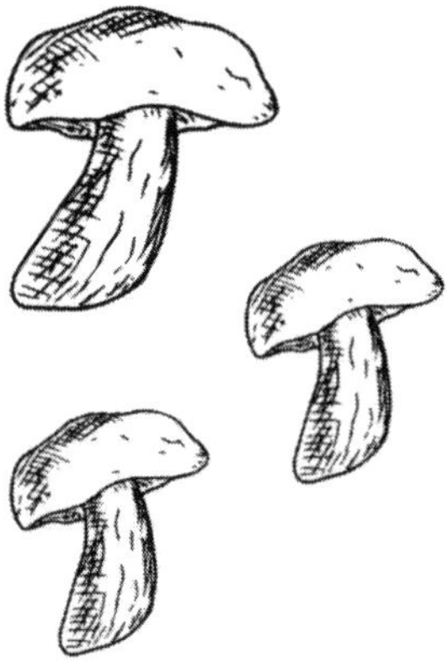

PREP & COOK

1. Brot- und Gemüse-Reste in mundgerechte Stücke schneiden. In einer Pfanne mit Olivenöl goldbraun rösten. Gemüse zugeben und mit Salz und Pfeffer würzen.

2. Petersilie waschen und hacken.

3. Parmesan reiben. Eier über einer Schüssel aufschlagen und verquirlen. Parmesan untermischen.

4. Eier und Parmesan über die Zutaten in der Pfanne geben und alles miteinander verrühren. Backen lassen, bis das Ei fest ist und auf Tellern servieren.

Karottengrün - Pesto

SHOP

- Karottengrün von ca. 8 Karotten
- 80 g Walnüsse
- 100 g Bergkäse
- 200 ml Olivenöl
- 1 Knoblauchzehe
- Salz und Pfeffer

PREP & COOK

- 15 Minuten

PREP & COOK

1. Karottengrün waschen und ebenso wie die Walnüsse klein hacken. Bergkäse hobeln. Knoblauch schälen.

2. Karottengrün, Walnüsse, Knoblauch und Bergkäse in einen Mixer geben, mit Olivenöl auffüllen (sollte die festen Zutaten abdecken). Mit Salz und Pfeffer würzen.

3. Zu einer cremigen Paste mixen und zu Pasta oder Kartoffeln genießen oder als Brotaufstrich verwenden. Eignet sich zudem wunderbar als Würzpaste für Gemüse.

Rote-Beete-Blätter-Pesto

SHOP

- Rote-Beete-Blätter von ca. 4 Knollen
- 80 g Haselnüsse
- 100 g Feta
- 1 EL Honig
- 200 ml Olivenöl
- Salz und Pfeffer

PREP & COOK

- 15 Minuten

PREP & COOK

1. Rote-Beete-Blätter waschen und wie die Nüsse klein hacken. Feta zerbröseln.

2. Rote-Beete-Blätter, Nüsse, Honig und Feta in einen Mixer geben und mit Olivenöl auffüllen (sollte die festen Zutaten abdecken). Mit Salz und Pfeffer würzen.

3. Zu einer cremigen Paste mixen und zu Pasta oder Kartoffeln genießen. Alternativ als Brotaufstrich verwenden.

Radieschengrün - Pesto

SHOP

- Grün von ca. 2 Bund Radieschen
- 60 g Pinienkerne
- 100 g Parmesan
- 200 ml Olivenöl
- Salz und Pfeffer

PREP & COOK

- 15 Minuten

PREP & COOK

1. Grün waschen und zerkleinern. Pinienkerne klein hacken. Parmesan hobeln.

2. Grün, Pinienkerne und Parmesan in einen Mixer geben, mit Olivenöl auffüllen (sollte die festen Zutaten abdecken). Mit Salz und Pfeffer würzen.

3. Zu einer cremigen Paste mixen und zu Pasta oder Kartoffeln genießen. Die Paste kann auch wunderbar als Brotaufstrich verwendet werden und eignet sich als Würzpaste für alle Gemüsegerichte.

Salat-Pesto

SHOP

- 1-2 Portionen Salatreste
- 5 Zweige Basilikum
- 70 g Mandeln
- 100 g Parmesan
- 200 ml Olivenöl
- 1 Knoblauchzehe
- 4 getrocknete Tomaten
- Salz und Pfeffer

PREP & COOK

- 15 Minuten

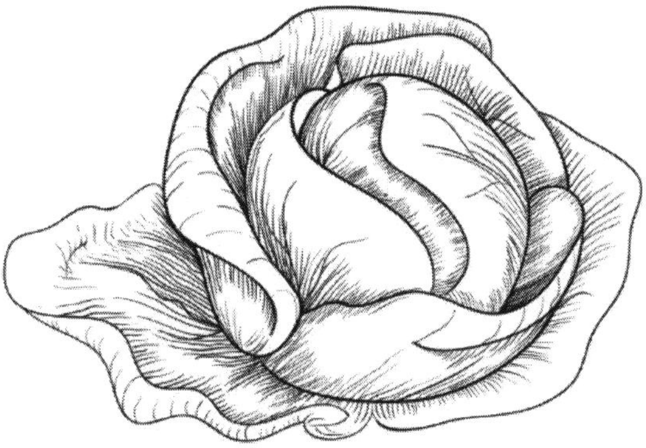

PREP & COOK

1. Grün waschen und wie die Mandeln klein hacken. Knoblauch schälen und Parmesan hobeln.

2. Grün, Mandeln, Knoblauch, Tomaten und Parmesan in einen Mixer geben, mit Olivenöl auffüllen (sollte die festen Zutaten abdecken). Mit Salz und Pfeffer würzen.

3. Zu einer cremigen Paste mixen und zu Pasta oder Kartoffeln genießen.

Grünes Hummus

SHOP

- 1-2 Portionen Salatreste oder Grün von Karotten, Kohlrabi, roter Beete oder Radieschen
- 200 g Kichererbsen
- 3 EL Nussmus oder Tahin
- 1 Limette
- 1 Knoblauchzehe
- 1 Msp. Kreuzkümmel
- 1 Msp. milde Paprika (oder Chiliflakes)
- Salz und Pfeffer

PREP & COOK

- 15 Minuten

PREP & COOK

1. Kichererbsen abgießen. Etwas Flüssigkeit und ein paar Kichererbsen aufbewahren. Restliche Kichererbsen in einen Mixer geben.

2. Grün waschen, zerkleinern und zu den Kichererbsen in den Mixer geben, ebenso wie die restlichen Zutaten. Olivenöl dazu gießen (sollte die festen Zutaten abdecken). Mit Salz und Pfeffer würzen.

3. Zu einer cremigen Paste mixen (ggf. mit Flüssigkeit aufgießen).

4. Mit den restlichen Kichererbsen dekorieren. Mit Chiliflakes bestreuen und zu Brot oder Nachos servieren.

Gurkenraita

SHOP

- Gurkenreste
- 250 g Joghurt
- 1 EL Olivenöl
- 1 TL Kreuzkümmel
- 1 Msp. Kardamom
- 1 Zweig Minze
- Salz und Pfeffer

PREP & COOK

- 15 Minuten

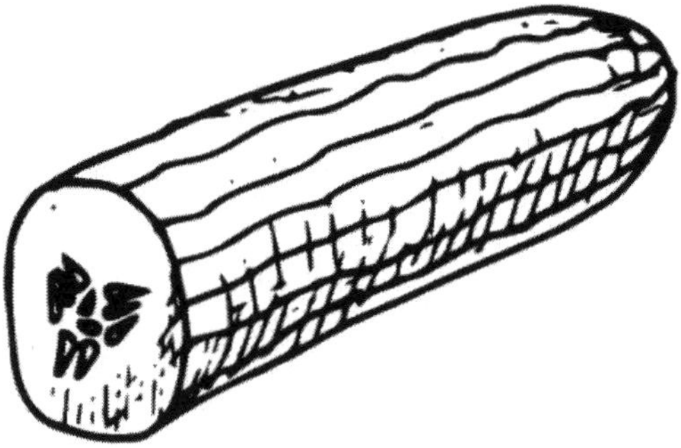

PREP & COOK

1. Gurken waschen und grob raspeln, Minze waschen und hacken.

2. Joghurt, Olivenöl und Minze mit den Gewürzen in einer Schüssel vermischen.

3. ¾ der Minze mit den Gurken unter den Joghurt rühren. Mit der restlichen Minze und etwas Kreuzkümmel dekorieren und z.B. zu Fladenbrot oder Reis servieren.

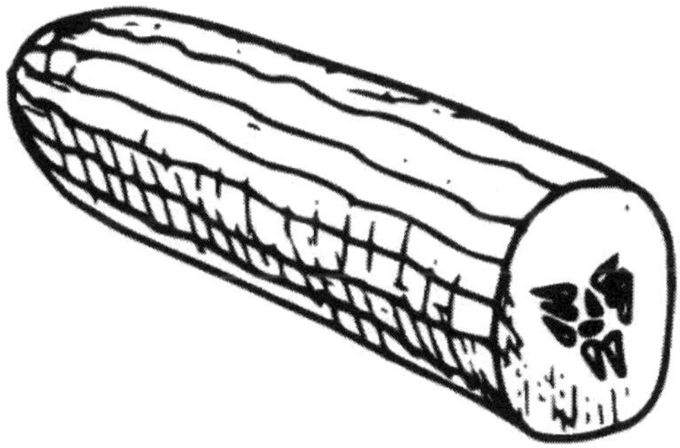

Gemüse - Creme

SHOP

- 2 Portionen Gemüsereste, gekocht (wie z.B. Paprika, Aubergine oder Zucchini)
- 2 Knoblauchzehen
- 4 EL Nussmus oder Tahin
- 1 Limette oder ½ Zitrone
- 1 EL Olivenöl
- 3 EL Joghurt
- 2 Stängel Petersilie
- 1 TL Chiliflakes
- Salz und Pfeffer

PREP & COOK

- 15 Minuten
  (+ 60 Minuten)

PREP & COOK

1. Gemüse-Reste im Mixer pürieren.

2. Parallel dazu Knoblauch schälen und Petersilie waschen. Beides fein hacken. Zitrone auspressen.

3. Joghurt, Olivenöl, Zitronensaft, Nuss- und Gemüsemus in einer Schüssel vermischen und würzen.

4. Mindestens 1 Stunde durchziehen lassen und zu Brot, Nudeln oder Reis servieren. Eignet sich auch wunderbar als Grillsoße oder Würzpaste.

Gemüsebratlinge

SHOP

- 2 Portionen Gemüsereste, gekocht
- 4 EL Dinkelmehl
- 4 EL Semmelbrösel
- 2 Eier
- 60 g Käse/Feta
- 2 EL Olivenöl
- 2 Knoblauchzehen
- Salz und Pfeffer

PREP & COOK

- 20 Minuten

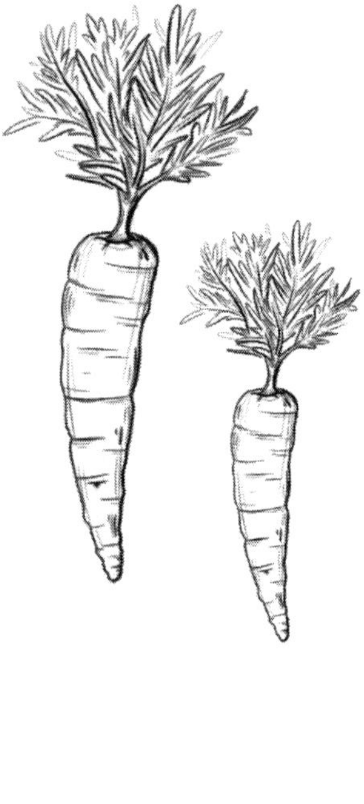

PREP & COOK

1. Gemüse-Reste kleinschnippeln, kurz in einem Mixer pürieren und mit dem Dinkelmehl und den Semmelbröseln vermischen.

2. Eier in einer Schüssel verquirlen und mit der Gemüse-Masse mixen.

3. Den Käse zerbröseln oder hobeln. Den Knoblauch schälen, klein hacken und ebenfalls vermengen. Mit Salz und Pfeffer abschmecken.

4. Kleine Bällchen aus der Masse formen und plattdrücken. In einer Pfanne mit Olivenöl goldbraun ausbacken. Auf den Tellern verteilen und servieren.

Getreidepuffer

SHOP

- ca. 2 Portionen von einem Reisgericht
- 50 g Haferflocken
- 1-2 Eier
- 1 Knoblauchzehe
- 2 Stängel Petersilie oder Basilikum
- 2 EL Olivenöl
- Salz und Pfeffer

PREP & COOK

- 20 Minuten

PREP & COOK

1. Reisgericht mit Ei und Haferflocken in einer Schüssel vermischen, sodass eine zähe Masse entsteht (ggf. etwas pürieren oder ein zweites Ei dazugeben).

2. Knoblauch schälen und Kräuter waschen. Beides hacken und untermischen. Mit Salz und Pfeffer abschmecken.

3. Aus der Masse Bällchen formen und plattdrücken. In einer Pfanne mit Olivenöl ausbacken.

4. Getreidepuffer auf den Tellern verteilen und servieren.

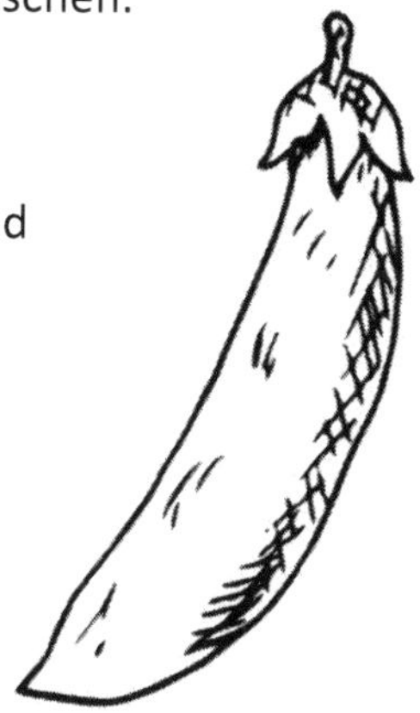

Brot - Chips

SHOP

- Brotreste
- 2 EL Olivenöl
- 2 Zweige Rosmarin
- Meersalz

PREP & COOK

- 15 Minuten

PREP & COOK

1. Ofen auf 180 °C Umluft vorheizen.

2. Brot in sehr dünne Scheiben schneiden. Rosmarin waschen und hacken.

3. Brotschreiben in mundgerechte Stücke zerteilen, in einer Schüssel mit Olivenöl marinieren und auf einem Backblech auslegen.

4. Mit Meersalz und Rosmarin bestreuen.

5. Für 10 Minuten im Backofen backen. Die Chips sind fertig, sobald das Brot leicht braun und knusprig wird.

Gemüse - Chips

SHOP

- Reste von Grünkohl oder Wirsing, Zucchini, roter Beete oder Pastinaken
- 5 EL Olivenöl pro Blech
- Chiliflocken
- Meersalz und Pfeffer

PREP & COOK

- 25 Minuten

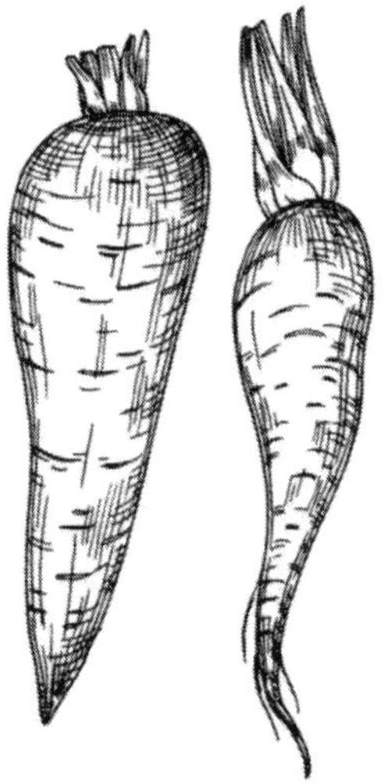

PREP & COOK

1. Backofen auf 180 °C Umluft vorheizen.

2. Kohlblätter waschen und in mundgerechte Stücke reißen. Zucchini, Rote Beete oder Pastinaken waschen oder schälen und in sehr dünne Scheiben (1 mm) hobeln oder schneiden.

3. In Olivenöl marinieren und auf einem Bleck auslegen.

4. Gemüse mit Salz, Pfeffer und Chiliflocken würzen.

5. Für etwa 20 Minuten im Backofen grillen, bis sie leicht braun werden (währenddessen darauf achten, dass die Chips nicht verbrennen).

6. Alle Chips in eine Schüssel geben und nachsalzen.

Nachwort

Infos zum Buch

Dieses Meal-Prepping-Kochbuch ist ein modernes Rezeptebuch für alle, die sich gesund und nachhaltig ernähren möchten. Alle Gerichte in diesem Buch sind einfach und schnell nachzukochen. Dazu werden in den Gerichten saisonale Zutaten verwendet, die meist regional angebaut werden. Die einzelnen Rezepte können zudem hervorragend miteinander kombiniert werden, wodurch du noch mehr Zeit sparen kannst.

Dieses Rezeptebuch ist kein typisches Kochbuch, vollgestopft mit Hochglanzfotos und unverständlicher Theorie – es ist eine nützliche Sammlung leckerer Rezepte. Das Layout des Buches wurde dabei bewusst minimalistisch gehalten; auf unnötige Ausführungen und Exkurse wurde verzichtet. Stattdessen stehen die Rezepte mit klaren Anleitungen im Fokus – denn mehr braucht es nicht für ein leckeres saisonales Gericht.

Aber das ist noch nicht alles: Dieses Buch wurde von unserem kleinen Verlag fair und hochwertig produziert. Wir arbeiten mit regionalen Designern und Lektoren zusammen und lassen unsere Bücher entweder On-Demand oder komplett in Deutschland herstellen. Alle an der Produktionskette beteiligten Partner werden von uns fair behandelt – und fair bezahlt.

Unsere Bücher entstehen unter nachhaltigen Produktionsbedingungen, schonen die Umwelt und fördern die regionale Wirtschaft. Und genau das unterstützt du, wenn du dir dieses Buch zugelegt hast.

High five dafür!

Über die Autorin

Tina Wagner, Jahrgang 1974, ist Fernsehproduzentin und leidenschaftliche Köchin. Ihre Kindheit und Jugend verbrachte sie in ihrer Geburtsstadt Heilbronn am Neckar. Seit dem Studium der Politikwissenschaften lebt sie mit ihrem Ehemann und zwei Kindern in München.

Hauptberuflich produziert sie seit 1998 unterhaltsame und innovative Fernsehformate für alle möglichen TV-Sender in Deutschland. Angefangen als Volontärin bei ProSieben leitet sie mittlerweile als Produzentin einen Geschäftsbereich bei einer großen Produktionsfirma.

Die passionierte Mealprepperin beschäftigt sich seit vielen Jahren intensiv mit einer gesunden und ganzheitlichen Ernährung. Um sich selbst und ihre Familie gesund und ausgewogen zu ernähren, hat sie ein eigenes Meal-Prepping-System entwickelt, bei dem regionale Zutaten und eine konsequente Resteverwertung im Mittelpunkt stehen.

Das ist Tina

Dankeschön

Ohne die Hilfe anderer Menschen hätte ich dieses Buch nicht schreiben und veröffentlichen können. Alleine wäre mir das nicht gelungen. Daher möchte ich die Gelegenheit nutzen und mich von ganzem Herzen bedanken.

Besonders danken möchte ich meinen lieben Kollegen, die mich ständig gefragt haben, wie ich es neben Ehe, Kindern und Job schaffe, mir jeden Tag ein Mittagsgericht vorzubereiten. „Schreib ein Buch, damit das alle nachmachen können", meinten sie. Ihr habt mir den nötigen Mut gegeben, das Buchprojekt anzugehen. Vielen Dank.

Ich möchte mich bei Tim Reichel dafür bedanken, dass er dieses Buch mit mir zusammen produziert und letztendlich verlegt hat. Vielen Dank für die unzähligen Gespräche und Ratschläge. Hannah Dautzenberg danke ich für die umfangreiche Korrektur und Sara Dörwald für das hervorragende Lektorat. Da ich manchmal etwas chaotisch bin, waren sie es, die dafür gesorgt haben, dass dieses Buch wunderschön aussieht. Außerdem haben die drei mir alles beigebracht, was man braucht, um ein Kochbuch zu schreiben. Und das ist relativ viel.

Ein großes Dankeschön geht an Leni Tyroller, die viele der wunderschönen Illustrationen im Buch gezeichnet hat. Dank dir ist das Layout großartig geworden.

Außerdem möchte ich mich bei meinem Mann bedanken, dass er mir die Zeit geschenkt hat, mich dem Buch widmen zu können. Vielen Dank, dass du mich immer unterstützt und hinter mir stehst. Meinen Kindern danke ich dafür, dass sie so geduldig mit mir waren, wenn ich schreiben musste und nicht so viel Zeit für sie hatte. Außerdem danke ich euch, dass ihr meine Gerichte fast immer aufesst – auch wenn sie euch manchmal nicht schmecken, zu gesund sind und viel zu wenig Ketchup darin vorkommt.

Ich bedanke mich außerdem bei meinen Eltern, die mir beigebracht haben, dass man im Leben alles schaffen kann, was man wirklich möchte, wenn man nur Spaß daran hat. Das ist einer der wichtigsten Ratschläge, die ich je bekommen habe und der mein gesamtes Leben prägt. Danke von Herzen!

Tina Wagner, Oktober 2021

Bonusrezepte

Hol dir hier die 10 Grundlagen-Rezepte ab:

www.studienscheiss.de/bonus-meal-prep-saisonal

Printed in Poland
by Amazon Fulfillment
Poland Sp. z o.o., Wrocław

87101593R00139